KB155361

인식 개선을 넘어
행동을 바꾸는
디지털 공공소통

김정렴

LG애드, LG생활건강 등 민간기업 광고마케팅 분야에서 일을 하다 공공 소통에 관심을 갖게되었습니다.

부산광역시에서 3년 5개월동안 공공 소통을 총괄하였고, 임신부 좌석양보 디지털 캠페인 '핑크라이트'를 기획하여 뉴욕광고제 파이널에 선정되기도 하였습니다.

국민의 행동을 변화시키는 디지털 공공 캠페인에 관심이 많습니다.

저서로, '오토바이로 모기를 잡아라-광고보다 재미있는 공공캠페인'이 있습니다.

현재는 문화체육관광부 디지털소통기획과장으로 재직하고 있습니다.

서론

디지털 시대 공공 소통의 역할

우리의 일상이 새로운 변화와 혁신으로 하루하루 달라지고 있습니다. 인터넷 기술의 출현은 디지털 기술의 개발과 확산으로 이어졌고, 모바일로의 진화는 인간 생활의 모든 영역에서 가장 중요한 트렌드가 되었습니다. 신기술로 등장한 4차 산업의 흐름은 세상을 바꾸고 있고, 사람들의 세계관도 바꾸고 있습니다. 급격한 변화의 시대, 하루에도 엄청난 규모로 생산되는 스마트폰은 불과 10년이 되지 않아 사람들의 모든 습관을 바꾸었다고 해도 과언이 아닙니다. 사람들은 점점 더 많은 시간을 온라인에서 보내고, 친구들과 교류하고, 게임을 하고, 뉴스를 배우고, 상품과 서비스를 팔고 사고 있습니다.

디지털 시대의 본질은 무엇일까요? 기술의 변화로 하루하루 달라지는 디지털 생태계에서 기업들은 생존을 위해 새로운 사업 모델을 개발하고 소비자들에게 새로운 소비 경험을 제공하고 있습니다. 온라인을 통한 쇼핑은 오프라인 매장을 위협하고 있고, 편의점은 종업원이 존재하지 않는 무인 점포로 바뀌고 있습니다. 영상, 음악, 도서 등 사람들의 소비량이 많은 콘텐츠는 기존의 소비 방식을 위협하는 새로운 플랫폼들이 서비스를 제공하고 있습니다. 개인의 취향, 소비 패턴을 인공지능이 추천해주는 고도의 기능들이 새로운 경험을 주고 있습니다.

디지털 시대가 성큼 다가왔지만, 공공 커뮤니케이션의 역할은 전통 미디어의 시대와 달라지지 않았습니다, 어쩌면 오히려 더 중요해지고 있습니다. 전통 미디어가 가진 게이트키퍼 기능이 약화되면서 정책 홍보를 위한 공공 기관 스스로의 미디어 운영, 콘텐츠 관리의 중요성이 커졌습니다. 우리나라를 비롯한 많은 나라의 공공 기관이 자체적으로 미디어를 운영하고, 국민들과의 직접적 소통을 하고 있는 이유이기도 합니다. 국민 다수가 이용하는 미디어 플랫폼을 통해 공공 기관의 소통 활동이 디지털 시대 소통의 첫 걸음을 내딛은 것이라면, 한 걸음 더 나아가는 소통을 필요로 하고 있습니다. 그 한걸음은 어떤 방향일까요? 본질적으로 공공 기관의 소통은 커뮤니케이션 분야 중에서도 '설득 커뮤니케이션'에 가장 가깝습니다. '잘 알리기만 하면' 충분했던 시대에서 '설득하고 참여하게 만드는' 시대로의 전환입니다. 디지털 시대가 의미하는 것은 디지털 미디어에 맞는 콘텐츠 제작과 퍼블리싱이 아니라, 국민들과의 인게이지먼트를 높이는 양방향성이 핵심입니다. 디지털 공공 소통은 '국민이 참여하는, 행동 변화가 가능하도록 설계하는' 형태로 진화를 모색하고 있습니다.

왜 행동변화 디지털 소통인가

우선 달력을 펼쳐볼까요? 10월의 달력입니다. 국경일을 제외하고 다양한 기념일이 있습니다. 2일 노인의 날, 5일 세계 한인의 날, 8일 재향군인의 날, 15일 체육의 날, 17일 문화의 날, 21일 경찰의 날, 24일 국제연합일, 25일 독도의 날, 27일 금융의 날, 28일 교정의 날, 29일 지방자치의 날. 달력에 표기되지 않은 기념일도 많습니다. 예를 들어볼까요? 12일, 세계관절염의 날, 16일, 세계척추의 날, 17일 세계외상의 날, 20일 세계골다공증의 날 등입니다. 여러분은 저런 기념일에 대해 익숙하신가요?

홍보를 설계하는 사람들이 갖는 첫 번째 본능은 가능한 한 '많은 사람들이 문제를 인식하도록 해야겠다'라는 의지를 갖는 것입니다. 기획자가 갖는 문제인식이나 명분에 대한 깊이 만큼 다른 사람들도 관심을 갖기 바라는 것은 어쩌면 당연합니다. 그런데 이 바탕에는 홍보의 대상이 되는 사람들이 더 많이 (홍보의 주체만큼) 정보를 가질수록, 더 많이 수용하고 행동할 것이라는 기대감이 전제되어 있기 때문이라고 생각합니다.

공공의 소통과 흔히 비교되는 민간기업의 마케팅 분야 역시 인식이 행동보다 선행한다는 것에 대한 믿음이 오랫동안 지속되어 왔습니다. 아리스토텔레스의 시학 이론이 현대 연극에 대한 영향력이 지속되어 온 것처럼 소비자 구매 행동이론에서 제시된 주의(attention), 흥미(interest), 욕망(desire), 기억(memory), 행동(action)의 소비자 의사 결정에 대한 이론은 오랫동안 커뮤니케이션 분야에 큰 영향을 미쳤습니다. 여전히 광고, 홍보 회사들은 메시지에 노출된 사람들의 숫자에 큰 의미를 부여하고 있습니다. 물론, 특정한 문제에 대해 지식수준을 높이는 것이 목표인 경우라면 잘 알리는 (인지도를 높이는 목표의) 캠페인은 효과적일 수 있습니다.

하지만 목표 집단인 국민들이 많이 아는 것만으로 충분할까요? 건물 화재로 많은 분들이 사망하는 안타까운 소식을 접할 경우가 있습니다. 재난 시 탈출에 대해 정보를 아는 것만으로 안전을 담보할 수 있을까요? 사람들에게 더 많은 정보를 제공한다고 해서 자신의 행동을 변화할 가능성이 크지 않다는 다수의 연구를 고려해보면, 대중의 변화를 추구하려는 공공 소통의 영역은 인식 개선을 넘어 행동을 변화시키는 전략적 접근을 고민해야 할 필요가 있습니다. 특정한 사회적 문제의 해결을 위해서는 사람들이 어떻게 행동해야 하는지, 변화시키도록 하는 메시지와 구체적인 행동을 유도하는 캠페인을 만들고, 지속 가능한 변화를 설계할 필요가 있습니다.

인식 개선 캠페인의 한계

국민에게 특정 문제에 대해 인지도를 높이는 것은 행동 변화가 가능하게 만드는 중요한 과정일 수 있습니다. 환경오염에 미치는 플라스틱 쓰레기 문제의 심각성이 알려지지 않았다면, 스타벅스가 플라스틱 빨대 대신 종이 빨대를 제공하는 행동 변화가 일어나지 않았을 것입니다. 하지만 인식을 개선하는데 초점을 맞추는 공공 소통은 여러 관점에서 한계를 보일 수 있습니다. 의도했던 핵심 청중에 도달하지 못하여 자원을 낭비할 가능성이 있고, 논란을 일으킬 가능성이 있는 이슈의 인지도를 높여 위험을 초래하고 반발로 이어지는 경우도 있습니다. 대표적인 인식 개선 캠페인의 한계 사례를 보면 다음과 같습니다.

첫째, 인식 개선 캠페인이 행동 변화를 이끌어내지 못하는 경우입니다. 대중교통 내 임산부석에 대한 캠페인이 정말 많았습니다. 방송에서는 '임산부석 양보'의 필요성에 대해 자주 언급되었고, 지하철 역사, 지하철 내 다양한 홍보 수단이 활용되었습니다. 임산부석의 양보를 둘러싼 집단간의 갈등이 종종 보도되기도 하는 등, 사람들에게 '임산부석의 존재와 양보'의 인지가 부족했다고 생각하기는 어렵습니다. 여러 기관들이 핑크색으로 명확히 구분된 임산부석을 지하철 내 설치했음에도, 여전히 양보가 부족했고, 승객의 머리쪽, 발 아래쪽에도 핑크색으로 식별할 수 있도록 하는 상황까지 왔습니다. 이벤트까지 병행되어 좌석에 곰인형을 놓아두는 기발한 방법까지 등장했지만, 우리는 '임산부석 양보에 대한 인식 개선'을 추구한 캠페인들의 사후 성과에 대한 실제 양보율 비교 데이터를 제공하는 것을 보지 못했습니다.

둘째, 드문 경우이긴 하지만 인식 개선 캠페인이 오히려 해를 일으키는 경우도 있습니다. 호주 빅토리아 철도청(Rail Project Victoria)의 '멍청하게 죽는 법(dumb ways to die)' 캠페인은 안전과 관련한 어떤 내용도 듣기 싫어하는 사람들의 관심을 불러일으키기 위해 기획되었습니다. 애니메이션으로 유쾌하게 제작된 영상은 2억 뷰에 가까운 유튜브 조회수를 기획했고, 이를 따라하는 많은 패러디 물로 전 세계에 더욱 알려졌습니다. 철도 안전 수칙을 지키는 것이 멍청하게 죽지 않을 수 있다는 캠페인의 컨셉은 멜버른 신문 더 에이지(The Age)가 보도한 내용에 기초할 때 다소 무리라는 비판도 있었습니다. 2010년 7월 1일부터 2011년 6월 30일 사이에 빅토리아에서 발생한 철도 사망자 46명 중 다수가 자살로 안전 수칙 문제와 관련이 없다는 것과, 또한 죽음을 하찮은 것으로 묘사했다는 비판과 철도가 자살의 좋은 방법으로 소개되는 측면도 있다는 주장이 제기되기도 했습니다(Rob Long. "Dumb Ways To Die and A Strange Sense of Success", 2014년 8월).

인식 개선 캠페인의 대안으로 공공 소통은 어떻게 변화해야 할까

공공 소통의 정의를 중앙 부처, 지방자치단체 등의 정부 기관에 의해 수행되는 커뮤니케이션 활동으로 정의한다면, 40여개 이상의 중앙 부처, 17개 광역단체, 200여개가 넘는 기초 단체의 홍보가 이루어지고 있습니다. 공익적 목적으로 수행되는 기타 공공기관으로 그 범위를 확대할 경우 더 많은 공공 소통 활동이 진행되고 있습니다. 유료로 구매된 홍보물(paid media) 외에 각 기관이 보유한 방송, 인쇄, SNS (owned media)를 통해 하루에도 많은 공공 홍보 콘텐츠가 게시되고 있습니다.

가장 큰 출발점은 행동 변화로 유도할 수 있도록 기획의 패러다임을 바꾸는 것입니다. 각 기관은 중요하게 생각하는 이슈에 대해 '목표 청중이 이전에 하지 않았던, 변화가 필요하고, 성취가 가능한 행동을 정의'해야 합니다. 그리고, 지속적인 긍정적 행동 변화를 이끌기 위해 다음의 요소를 고려하여 종합적인 기획이 이루어져야 하겠습니다. 무엇보다 '구체적 행동 변화 목표'를 찾는 것이 필요합니다. 예를 들어 '운전 중 전화기 사용의 위험성을 알리는 것'이 아니라, '운전 중 문자 메시지를 하지 않는 것' 처럼, 개선이 필요한 문제의 해결책을 구체적 행동 변화로 제시하는 것이 좋습니다. 둘째는 목표 타겟을 최대한 구체화해야 합니다. 구체화라는 의미는 대상의 범위를 좁게 하는 것을 포함합니다. '임산부의 좌석 양보' 캠페인의 경우 '임산부를 제외한 모든 사람이 목표 집단'이 되어서는 곤란합니다. 리서치를 통해 '특별히 문제가 되는 집단'을 찾아내는 것이 필요합니다. 예를 들어, 초고령 사회로 접어들면서 기존 노약자석의 부족으로 인해 '노약자의 임산부석 점유가 높을 수도' 있다고 분석이 되었다고 합시다. 이 경우 목표 집단은 '노약자석을 이용하는 분'들로 좁혀질 수 있습니다. 셋째, 설득력 있는 메시지를 구체화해야 합니다. 목표 청중에 대한 분석은 여기서도 중요한데요, 목표 청중의 태도 형성 과정이나 그들에게 영향을 미칠 수 있는 방법 등이 메시지를 선정하는데 도움이 됩니다. 메시지를 설계할 때, 그들을 위협하지 않고 어떤 반향이 나올지도 예상할 수 있어야 합니다. 어떤 건물이 지정한 흡연 구역 외의 공간에서 발생하는 '건물 입주사 직원'의 흡연이 해결해야 할 문제라면, (일반적으로 통용되는) 흡연 금지를 강조하는 메시지가 아니라 '목표한 청중에게 공감하며 설득적인' 메시지가 만들어져야 합니다. 넷째, 행동 변화를 이끌 수있는 특별한 촉매제를 배치해야 합니다. '목표 청중'은 하루에도 무수히 많은 콘텐츠를 접하게 됩니다. 기획자가 목표로 설계한 행동을 막고 있는 방해 요인을 찾아냈다면, 그 장애를 제거하는 촉매제를 설계해야 합니다. 이 촉매제는 대중의 주목을 높이고 캠페인의 중요한 홍보 포인트가 될 수도 있습니다. 마지막으로 측정 가능한 '행동 변화'의 결과를 기획해야 합니다. 인식 개선의 캠페인이 미디어 노출(조회수, 반응수, 도달, 임프레션)을 결과로 평가하는 것에 비해 행동 변화 캠페인은 실제의 행동 변화 (적어도 행동 의지)를 측정해야 합니다. 그럴때에야 비로소 캠페인에 대한 진정한 평가가 가능해지며, 해당 주제에 대한 이후 캠페인의 기획에 유의미한 데이터로서 활용성이 크기 때문입니다.

이 책은 총 3파트로 구성되어 있습니다. 파트 1에서 소셜미디어의 진화가 가져온 디지털 공공 소통의 변화를 살펴보고, '인식 개선을 넘어 행동 변화' 디지털 소통에 대해 설명하겠습니다. 파트 2에서는 국내외의 실제 사례를 통해 행동 변화 캠페인의 기획과 그 효과에 대한 독자 여러분의 이해를 돕겠습니다. 마지막 파트 3에서는 어떻게 행동 변화 캠페인을 기획하는 지를 단계별로 설명하겠습니다. 이 책은 '행동 변화 캠페인의 필요성'에 대해 독자 여러분의 인식을 개선하는 데에 그치지 않고, '실제로 캠페인을 기획하는' 행동 변화를 이끌기 위한 목표를 가지고 있기 때문입니다. 특정 문제에 대해, 국민들이 참여하여 긍정적 행동 변화가 가능한 공공 소통을 통해 더 나은 세상이 되길 꿈꾸어 봅니다.

목차

Part **III**

행동변화
디지털 공공소통 기획 *107*

Part I

행동변화
디지털 공공소통

소셜미디어가 우리 삶에 가져온 많은 변화는 커뮤니케이션 영역에도 예외 없이 적용되고 있습니다. 전통적 미디어 환경에서 단순 소비자에 불과했던 개인들이 직접 메시지를 만들고 확산하는 생산자가 되었습니다. 사람들의 변화에 민감한 기업들은 마케팅, 커뮤니케이션 전략 수정에 나섰고 불과 몇년 사이 경영학 개론의 사례를 다 바꾸어야 할 정도로 변화하고 있습니다. 공공 기관들의 커뮤니케이션(흔히 소통으로 더 불리는)도 당연히 변화하고 있습니다. 거의 대부분의 중앙, 지방 행정기관은 직접 소셜미디어 채널을 운영하며 적극적인 대 국민 소통 활동을 하고 있습니다. 심심치 않게 백만 단위 이상의 조회수를 기록하는 정부발 영상 콘텐츠가 회자되기도 합니다. 공공 소통은 국민들의 삶에 영향을 미치는 중요한 정책을 소개하거나, 유용한 정보를 제공하기도 하고, 때로는 특정 상황에서 응원, 위로하는 등 다양한 목적을 가지고 있습니다.

여기서 여러분, 공공 소통의 목표는 무엇일까요? 기업의 커뮤니케이션 활동이 소비자로 하여금 자사의 제품을 구매하도록 하는 것이 목표라면, 정부의 커뮤니케이션은 궁극적으로 국민들의 행동 변화를 목표로 하는 것으로 이해할 수 있습니다. 기업의 활동이 '구매'라는 비교적 단순한 목표를 갖는 것에 비해, 공공기관의 활동은 다양한 행동 변화 목표를 가질 것입니다. 여기에 주목할 부분이 있습니다. 사실 소셜미디어가 가져온 변화의 핵심은 전통 미디어에서 디지털 미디어로의 이용자의 변화가 아니라, 디지털 기반의 소비자 사용 경험이 바뀌고 있다는 것입니다. 주인이 없는 무인 편의점에서 물건을 구매하고, 인공지능(AI)이 사용자의 기호에 맞춰 콘텐츠를 추천해주는 OTT, 쇼핑 이력에 맞춰 가장 구매 가능성이 높은 물건을 추천해주는 쇼핑몰 등의 변화 말입니다. 기업의 디지털 마케팅은 디지털 미디어에 광고를 집행하는 것이 아니라, 디지털 기반에서 소비자 경험을 변화시키고 있는 모든 활동을 의미합니다. 소비자들의 디지털 경험이 기업들에 의해 점점 고도화되고 있는 상황이 같은 국민을 대상으로 하고 있는 공공 커뮤니케이션 분야에는 위협이 될 수 있습니다. 스스로 정보를 추구하고 선택하는 양방향성을 설계하지 못하면 말이죠.

그렇다면 공공 기관의 커뮤니케이션은 어떻게 진화해야 할까요? 파트 1에서는 소셜미디어가 가져온 디지털 커뮤니케이션의 변화, 디지털 시대에서 공공 커뮤니케이션은 어떻게 적응하고 있는지 살펴보려고 합니다. 그리고 행동변화 캠페인의 필요성과 가치를 설명하고, 공공재의 소비자 경험을 제공하기 위해 공공 기관은 어떻게 변화해야 할지에 대한 고민을 독자들과 함께 나누어볼까 합니다.

소셜미디어가 가져온
디지털 커뮤니케이션의 변화

인쇄 기술을 저널리즘으로 구현한 신문, 1927년 최초로 선보이고, 1960-70년대에 컬러로 동영상을 구현한 TV는 오랫동안 미디어의 왕좌를 누렸습니다. 인쇄와 영상의 기술을 토대로 정보를 제공하는 두 미디어를 비롯해 과거에 개발되어 현재까지도 사용되고 있는 전통미디어를 레거시 미디어라고 부릅니다. 새롭게 등장한 웹 기반의 기술위에서 태어난 디지털 미디어 플랫폼을 상대적으로 비교하는 개념입니다. 2004년 페이스북을 시작으로, 2005년 유튜브, 2006년 트위터, 2010년 인스타그램 등 현존하는 소셜미디어가 속속 서비스를 시작합니다. 굳이 제가 현재의 이용자 수를 언급하지 않아도 전세계에 미치고 있는 이들의 영향력은 막강합니다. 이렇게 시작된 미디어의 변화가 너무 빠르고 어떤 전문가도 새로운 지형을 예측하는 것을 주저하고 있습니다. 새로운 미디어 환경에 가장 잘 적응하고, 기존의 프로그램 제작 방식을 벗어나 창의적 시도로 높은 평가를 받고 있는 예능 프로그램 히트 제조기인 나영석 PD도 2019년 한 예능 프로그램에서 미디어의 미래를 예측하는 것에 대한 어려움을 토로한

바 있습니다. 콘텐츠를 '어떤 채널에서 소비하는 것'에 대한 가치보다 '무엇을 소비하는 가'가 중요해 지고 있습니다. 채널 기반으로 콘텐츠를 제공하던 CATV, IPTV 등의 편성표 개념은 사라지고, 시청자가 원하는 콘텐츠를 큐레이션 하여 제공하는 인터넷 기반의 OTT 플랫폼은 콘텐츠의 출처조차 모호하게 만듭니다.

소위 말하는 전통미디어와 소셜미디어를 비교하는 설명 조차 10대 독자들에게는 생소하게 느껴질지 모르겠습니다. 그들은 콘텐츠를 소비하는 미디어의 구분 자체가 큰 의미 없는 디지털 세대(디지털 네이티브 digital native)이기 때문입니다. 하지만 30-40대 독자들은 전통미디어가 가졌던 막강한 영향력이 서서히 줄어들고 있는 변화를 실감하고 있는 디지털 이민자(디지털 이미그런트 digital immigrant)이지요. 디지털 기기에 대한 이해가 부족하다며 미디어 교육의 대상자로 분류되던 60대 이상의 분들도 유튜브를 자유롭게 검색하여 원하는 콘텐츠를 시청하고 있습니다. 방송사, 신문사도 그 프로토콜을 완전히 바꿀 수는 없지만, 시청자, 구독자를 잡기 위해 소셜미디어의 문법을 차용해 콘텐츠의 과감한 실험과 시도, 양방형성을 추구하고 있습니다. 마찬가지로 정부나 공공 기관은 정책 홍보를 위해 거의 모든 연령층의 국민에게 소통해야 하는 만큼 소셜미디어가 가져온 커뮤니케이션의 변화를 이해하는 것은 무척 중요한 일입니다.

몇 가지 기준으로 전통미디어와 소셜미디어의 차이를 키워드로 정리해보겠습니다. 이 표는 전통미디어와 소셜미디어의 차이를 구분하는데 매우 유용합니다. 하지만 저는 이 표의 내용을 하나하나 설명하지 않겠습니다. 이미 이 책을 읽는 독자님들이라면 이해하는데 어려움이 없을 것이니까요. 오히려 제가 강조하고 싶은 것은 소셜미디어의 특징이 아니라 소셜미디어가 가져온 변화 즉, 수신자에 대한 화법과 관여의 방식, 커뮤니케이션 방법, 콘텐츠 제작, 분석, 콘텐츠 평가에서 드러나는 디지털 커뮤니케이션의 변화입니다.

	전통 미디어	소셜 미디어
메시지의 방향성	일방향 (one-way conversation)	양방향 (two-way conversation)
수신자에 대한 화법	공급자의 이야기 (about me)	수신자의 이야기 (about you)
수신자의 관여	소극적 관여	적극적 관여
커뮤니케이션 방법	무작위 (mass communication)	일대일 (one-to-one communication)
콘텐츠 제작	전문가 제작 콘텐츠	이용자 제작 콘텐츠
콘텐츠 특징	편집, 가공이 많은 사전 제작 콘텐츠	진정성을 중요하게 고려, 실시간 제작의 가치
콘텐츠 스피커	유명인	사용자, 인플루언서
미디어와 콘텐츠 분석	분석 영역이 좁음	분석 영역이 넓음
콘텐츠 평가	도달(reach), 노출빈도(frequency)	참여 (engagement)

계속해서 강조하고 싶은 점은 디지털 커뮤니케이션은 단순히 메시지를 공유할 수 있는 미디어가 전통미디어에서 디지털 미디어로 바뀐 채널의 변화가 아니라는 것입니다. 디지털 커뮤니케이션은 소셜 미디어 이상의 것이기 때문입니다. 마셜 맥루한의 '미디어가 메시지이다' 라는 주장이 갖는 큰 상징처럼 '디지털은 채널이 아니다' 라는 주장을 상기할 필요가 있습니다. 전통적 미디어의 흐름에서 진화된 소셜미디어의 등장과 확산은 미디어 권력이 이동한 것이 아닙니다. 소셜미디어는 전달자와 청중이 소통하고 교감하는 과거의 방식뿐만 아니라 커뮤니케이션의 실행 전반에 혁명을 가져왔습니다. 우리의 삶의 방식, 목표 청중을 바라보는 시각, 목표 청중에 대한 소통 방식에 대한 본질적 관점을 바꾸었습니다.

일방적 말걸기가 아닌 대화

새로운 시대의 커뮤니케이션은 본질적으로 '대화를 하는' 방식입니다. 어떤 학자들은 '대화가 가능해진 것'을 소셜미디어가 커뮤니케이션에 가져 온 가장 큰 변화라고 설명하기도 합니다. 전통적 미디어는 일방향적이고 메시지를 지속적으로 반복하여 소비를 늘리는데 주안점을 두었습니다. 마케터나 커뮤니케이터는 목표 청중에게 보내는 메시지에 대한 통제력을 가지고 있었고, 더 공식적이고 정형화된 형태로 수신자와 관계를 설정하는 것이 익숙했습니다. 전달자의 메시지가 독백에 가까웠다면, 오늘날의 커뮤니케이션은 개인과의 대화에 가깝습니다. 대화는 전달자와 수신자가 함께 하는 것이죠. 페이스북, 트위터, 인스타그램의 이용자들은 기업(조직)이 던진 메시지에 반응합니다. 과거 듣기만 했던 수신자는 아주 쉽고 빠르게 질문을 할 수 있고, 메시지에 대한 피드백을 보냅니다. 커뮤니케이터는 이 반응이 긍정적인지, 부정적인지를 즉각적으로 판단한 수 있습니다. 청중들은 '그들이 어떻게 대우받는 가에 대한 인식'을 높게 평가하고 기대하고 있습니다. 대화가 가능해진 커뮤니케이션 환경에서 청중들의 주목을 끄는 것이 효과적인 만큼, 청중들의 불만이나 의견도 공개화되고 전파되는 속도가 빨라졌죠. 대화를 지속하기 위해서는 주의깊게 경청하고 재빠르게 대응하는 것이 대화를 지속 가능하게 합니다. 아이러니 같지만 고도화된 디지털 환경에서 더 아날로그처럼 실제 사람에 의해 듣고 인정받고 싶은 욕구를 커뮤니케이션에서 기대하고 있는 것입니다.

청중의 니즈를 더 잘 이해하게 됨

과거의 커뮤니케이션의 성패는 기획자가 청중의 요구(needs)를 더 잘 파악하는 것에 달려있었습니다. 당연히 그들을 이해하기 위한 분석에 많은 자원이 할애되었습니다. 커뮤니케이션 목적에 맞게 청중을 최대한 목적에 맞는 조건(실제 청중인지, 2회 이상 구매한 청중인지, 브랜드에 대한 관심이 깊은 청중인지, 충성도가 높은 청중인지 등)에 맞춰 추출한다 해도 실제 청중과 구분하는 것이 쉽지 않았습니다. 소셜미디어의 핵심 요소가 '대화'라는 점을 말씀드렸는데요. 대화는 말하고 듣는것을 의미하죠. 과거의 방식대로 기업(조직)이 말을 하기만 할 뿐, 듣지 않는다면 청중의 니즈를 이해하기 어렵습니다.

새로운 미디어 환경에서 청중은 기획자의 브랜드나, 심지어는 다른 브랜드, 혹은 다른 소비자 등 기획자가 상상하지 못했던 인사이트를 제공하고 있습니다. 기업(조직)의 욕망보다 소비자의 니즈를 중심으로 커뮤니케이션을 설계하는 것이 전통적 모델과 구분됩니다. 기획자가 '예측한 소비자가 원하는 것'을 충족하려는 시도보다 실제 소비자가 '스스로 말하는 원하는 것'이 커뮤니케이션에서 구현하는 환경으로 바뀐 것입니다.

목표 청중은 종종 집단으로 묘사되긴 합니다만, 사실 극단적으로 보면 한 명 한명의 니즈가 똑같지는 않습니다. 디지털 커뮤니케이션에서 청중의 니즈를 파악하는 것이 가능하게 되면서 전통 미디어가 매스 커뮤니케이션을 할 수 밖에 없었다면, 소셜 미디어는 1인 맞춤형(one-to-one) 커뮤니케이션도 가능합니다. 목표 청중 구분을 고도화하여 개인 단위의 니즈 파악으로 커뮤니케이션 인사이트를 찾아낼 수 있다는 것을 의미합니다. 가장 흔한 예로, 포털에서 관심있는 키워드를 검색하고 얼마 지나지 않아 관련한 상품(서비스)을 추천하는 광고를 접하는 경우입니다. 재미있는 것은 소셜미디어라고 모두가 동일하지 않다는 것입니다. 커뮤니케이션 기획자는 페이스북, 유튜브, 인스타그램 등 소셜미디어의 플랫폼 특징에 따라 접근 전략을 다르게 해야합니다.

미디어 키퍼에 대한 의존을 줄이고
타겟 집단에 직접적으로 소통

디지털 커뮤니케이션은 기업(조직)이 목표 청중을 정의하고 상호작용하는 방법을 기획할 수 있게 됨에 따라, 다양한 집단에 대한 접근이 쉽게 가능해졌습니다. 이미 충성도가 높은 집단, 잠재적 집단 등의 목적에 맞게 구분하고 최적화된 방식의 커뮤니케이션을 할 수 있게 되었습니다. 청중과 직접적 접촉이 증가하면서 기업(조직)-소비자와의 관계를 약화시킬 수 있는 외부의 영향력이 줄어들게 됩니다. 대표적인 외부 영향력으로 언론이 있습니다. 과거 전통미디어 환경에서는 기업(조직)이 메시지를 전하기 위해 중개 연결자(Middle man)의 영향력이 컸습니다. 목표 청중의 피드백이나 실시간 상호작용은 부족할 수 밖에 없는 구조였습니다. 소셜미디어 이후, 기업에게 목표 청중의 즉각적 피드백과 실시간 상호작용은 미디어의 게이트키퍼를 비켜갈 수 있는 무기가 되었습니다. 직접적 채널을 통해 소통하기 때문에 타 미디어에 대한 의존도도 줄어들고, 위기 상황에서 다른 미디어의의 영향력도(물론 여전히 큽니다만) 과거에 비해서는 기업(조직)의 통제력이 커졌다고 할 수 있습니다.

적은 비용으로도 목표 청중에 도달

디지털 커뮤니케이션이 가져온 장점 중의 하나는 적은 비용으로도 큰 효과를 얻을 수 있다는 것입니다. 과거 TV광고는 광고비를 많이 투자하여 경쟁사보다 더 많이 노출될수록 더 많은 점유율(SOV: Share of Voice)을 가질 수 있었습니다. 신문 역시 광고비가 많을수록 더 넓은 지면, 더 좋은 지면을 확보할 수 있었죠. 소셜미디어 환경에서는 적은 비용으로도 효과적인 타겟팅이 가능합니다. 작은 기업에게 디지털 커뮤니케이션 환경은 축복에 가깝습니다. 동종 업계의 큰 기업들을 상대해야 하는데, 커뮤니케이션 비용으로는 비교할 수준이 못되기 때문입니다. 여전히 청중의 주목을 끌어내는 기획과 콘텐츠 제작은 어려운 과정 입니다만, 잘 만들어진 콘텐츠는 미디어 비용이 심지어는 전무한 경우라도 많은 개인 미디어의 자발적 확산으로 상당한 수준의 노출 효과를 얻기도 합니다. 최근의 미디어 커머스 분야의 기업들이 독특한 콘텐츠로 청중들을 자극하여 급속하게 성장하는 사례들을 보곤 합니다.

데이터에 기반한 효과 측정

디지털 시대의 소비자는 기업(조직)을 팔로우하고 그들의 생각을 리뷰, 코멘트로 남깁니다. 소비자가 남기는 디지털 흔적은 소셜미디어의 좋아요, 공유는 물론 구매 행동을 포함합니다. 소셜 미디어는 청중에 관한 많은 정보를 데이터로 축적하게 되고, 커뮤니케이션 기획자는 청중에 대한 대량의 데이터를 확보하는 것이 쉬워졌습니다. 광고를 한다고 가정해볼까요. 소셜미디어를 통해 청중이 가장 좋아할 메시지를 구성하고, 가장 적절한 타이밍에 메시지를 전달할 수 있습니다. 과거 미디어믹스라고 불리던 미디어 선택, 노출 시간 등의 미디어 운영 전략에 대한 통제력을 직접 소유하게 된 것이지요. 그 뿐만이 아닙니다. 광고의 효과를 실시간으로 확인할 수 있고 설정한 목표를 달성하고 있는지를 평가하고 전략을 수정할 수 있습니다. 예를 들어 Google Analytics 또는 유사한 도구를 사용하여 다양한 소셜 네트워크에서 전송되는 트래픽의 비율, 전환율을 확인하여 커뮤니케이션 비용 지출을 결정할 수 있습니다. 모두가 데이터 덕분입니다. 예전에는 어땠을까요? 극단적으로 표현하면 판매량만 알 수 있었습니다. 내 브랜드를 좋아하는 사람이 누구인지, 왜 좋아하는지, 왜 구매하는지를 알기가 어려웠습니다. 기획자의 메시지도 마찬가지입니다. 어떤 메시지가 소구되어 행동 변화를 이끌었는지 알기가 어려웠고, 새로운 기획에 전혀 반영될 수 없었습니다. 다음은 측정 가능한 지표의 예시입니다. 인구통계학적 변수(연령, 성), 지오그래픽 변수(국가, 도시), 심리학적 변수(개성, 라이프스타일 등)과 결합된 전환율(conversion rates), 충성도 등이 있습니다. 방문 경로, 전환 경로, 등의 경로 분석도 포함하여 경쟁사 분석까지 심화될 수 있습니다. 디지털 커뮤니케이션에서 이용할 수 있는 데이터의 세분화는 분석가들이 콘텐츠에서 채널에 이르기까지 디지털 네트워크를 통해 기획자가 필요로 하는 거의 모든 것을 최적화할 수 있게 해줄 수 있습니다.

실시간 커뮤니케이션

2016년 페이스북은 라이브 기능을 공개하였고, 예상대로 미디어 지형을 바꾸는 큰 역할을 하게 됩니다. 지인들과의 공유 수준에서 시작된 이 기능은 정치, 사회적 이슈(시위와 같은)에 관여하는 참여자들이 메시지를 전할 수 있는 미디어 성격의 기능과 모바일을 통한 상품 판매(모바일 커머스)와 같은 마케팅 성격 등 새로운 변화를 일으키는 촉매가 되었습니다. 인스타그램, 유튜브를 비롯한 많은 모바일 플랫폼들이 라이브 기능으로 업그레이드 하게 되는 것도 새로운 커뮤니케이션의 잠재력을 확인했기 때문입니다. 공유숙박 사업모델의 선두주자인 Airbnb는 숙소 임대를 중개하면서도 현지인처럼 생활하는 경험의 가치를 알리는 기업의 철학을 중요하게 생각하고 있는데요. 2016년 이미 '가지 말고 살아보아요. Don't go there, Live there' 소셜미디어 캠페인을 선보였습니다. 목표 청중에게 특정한 목적지를 실제로 가지 않아도 그 지역의 현지인들이 즐겨 방문하고, 경험하는 명소를 추천해 주는 것을 라이브를 통해 보여준 것이죠. 이 캠페인의 결과는 페이스북 1,100만 조회, 56,000건의 좋아요, 5,200건의 댓글이 달렸습니다. 유튜브에 올린 영상은 1,300만 조회수라는 놀라운 결과를 가져왔습니다. 하루하루 급속하게 바뀌는 디지털 커뮤니케이션을 발 맞추어 우리나라의 공공 기관들에서도 중요 행사 등 홍보를 유튜브 라이브를 통해 정책 고객에게 전달하는 것은 쉽게 목격할 정도로 활용성이 커졌습니다.

2

대화를 시작한
공공기관의 디지털 소통

　새로운 시대의 공공 소통을 이해하기 위해서는 과거의 방식과 비교하는 것이 좋을 듯 합니다. 공공 소통의 두 주체는 공공 기관과 국민일텐데요, 한마디로 경직된 구조라고 설명할 수 있습니다. 즉, 공공기관은 메시지 전달자, 국민은 수신자로 역할이 정의되고, 전달자는 전문가인 반면, 수신자는 비 전문가라는 인식이 바탕에 깔려있었습니다. 메시지의 영향력은 메시지 전송자에서 수신자에게로의 방향으로만 작동했는데요. 조금 지나칠 정도로 말하면 국민들은 교화의 대상, 관리의 대상으로 여겨졌다는 주장을 하는 분들도 있습니다.

　40대 이상의 독자 여러분은 이런 구조의 공공 소통의 사례를 쉽게 떠올릴 수 있을 것으로 믿습니다. 물론, 연배가 높을 수록 더욱 선

공공기관 메시지
정보를 보내는 전문가

메시지의
영향력은
일방적임

교화대상, 관리대상
정보를 받는 비전문가

명하고 구체적일 것이구요. 시계를 제가 기억할 수 있는 과거로 돌려보겠습니다. 6.25전쟁 이후 베이비 붐의 영향으로 인구가 급격히 증가했죠. 60년대 들어서 정부는 출산 억제에 관한 가족계획 사업을 추진했는데요, 피임보급 사업을 중심으로 정책을 전개했습니다. 그럼에도 효과성이 한계에 이른 것으로 판단되어 70년대에는 '3자녀 이하의 가족에 대한 종합소득세 인적 공제 제한, 2자녀 불임 수용 가정에 공공주택입주 우선권을 주는 정책 등을 병행하게 됩니다. 커뮤니케이션 관점에서 제가 주목하는 것은 60-70년대의 정책 슬로건(표어)인데요. '덮어놓고 낳다보면 거지꼴을 못 면한다' 같은 산아제한 정책 슬로건, 여전한 남아선호 시류에 대해 '아들 딸 구별 말고 둘만 낳아 잘 기르자', '잘 키운 딸 하나 열 아들 안부럽다!'와 같은 슬로건을 활용하게 됩니다.

또 다른 사례입니다. 1970년대 우리나라의 농촌 현대화를 추구한 대표적 계몽 캠페인인 새마을 운동입니다. 경제 부흥 운동이면서 동시에 생활 환경, 위생 개선 등을 위한 이 캠페인은, 대표적으로 기존 흙길을 시멘트나 아스팔트로 포장하고 초가집을 없애는 등을 사업화하였습니다. 이 새마을 운동은 오늘날의 관점에서 당시 브랜드 인지도를 측정했다면 아마 적어도 90%는 상회하지 않을까 합니다. 관공서에는 태극기와 함께 새마을 깃발이 함께 걸려 있었고, 마을 입구에는 새마을 엠블럼이 새겨지기도 했습니다. 대통령이 직접 작사, 작곡한 노래는 초등학교에 입학하지 않은 아이들조차 따라 부를 수 있을 정도로 확산되었습니다.

두 사례는 공통적으로 공공 기관이 주도한 정책 활동이 커뮤니케이션 측면에서 막강한 힘을 행사하는 특징을 가지고 있습니다. 왜 이런 일이 가능했을까요? 미디어의 영향력이 매우 컸던 방송/신문의 뉴스에서 정부의 메시지를 전달하기 쉬웠기 때문입니다. 뿐만 아니라 활성화되어 있던 지역 커뮤니티(반상회)를 통한 인적 전파, 학교 현장에서 아이들에 대한 교육, 그리고, TV/영화 등 콘텐츠 내 메시지 전파 등 많은 수단들이 활용 가능했기 때문이겠죠. 거의 모든 연령의 목표 청중에 도달할 수단이(오늘날에 비해) 많지 않은데다, 국민들이 소비할 대안의 콘텐츠가 마땅하지 않았기 때문입니다. 상당한 노출량을 가진 두 사례의 슬로건이 수십 년이 지난 지금도 40대 이상의 독자들에게 잘 기억되고 있는 이유일 것입니다. 아이러니하게도 1990년대 이후 저출산, 고령화 문제로 출산장려정책이 시행되면서 제작된 슬로건들은 더 가까운 과거임에도 기억하는 분이 많지 않다는 것입니다.

두 사례를 통해 전통 미디어 시대의 공공 소통에서 공급자와 수신자의 관계 설정을 확인해 볼 수 있었습니다. 잘 알리기만 하면 의도한 목적의 소통 효과가 이루어진다는 믿음은 웬만큼 실질적으로 나타난 셈인 것이죠.

또, 과거의 커뮤니케이션은 미디어의 영향력이 큰 탓에, 공공기관은 뉴스를 위한 보도자료 전달 역할이 중요했습니다. 미디어에서 생산하는 기사를 지속적으로 모니터링하고 대응하는 것에 당연히 집중했습니다. 일반 기업도 마찬가지이긴 합니다만, 공공 기관은 중요성이 더욱 컸던 것이 사실입니다. 디지털 시대에 미디어 변화로만 알았던 디지털 미디어의 출현은 커뮤니케이션의 본질을 바꾸고 있죠. 서론에서도 언급했듯이, 전통 미디어의 게이트키퍼의 역향력이 줄어들면서, 정책 홍보를 위한 공공 기관 스스로의 미디어 관리, 콘텐츠 관리의 중요성이 커졌습니다. 새로운 디지털 시대를 이끄는 이 급속한 진화는 이러한 발전을 최대한 활용하는데 도움을 줄 수 있는 가장 효율적인 메커니즘을 개발하기 위한 공공기관의 깊은 고민과 전략을 필요로 합니다.

디지털 시대에서 나타나고 있는 공공 소통의 트렌드를 살펴 보겠습니다. 공공 커뮤니케이션 역시 미디어 환경 변화, 정책 고객인 국

공공기관의 대화
화자

양방향의
의사소통

국민의 대화
화자

민들의 디지털 경험 변화에 따라 진화하고 있습니다. 무엇보다 수신자인 국민에 대한 인식전환입니다. 능동-수동성으로 구분한 전달자(sender)-수신자(receiver)의 패러다임이 바뀌었습니다. 커뮤니케이션의 목적이 전달이 아닌 '대화(dialogue)'로 바뀌고, 공공 기관과 국민은 모두 화자(communicator) 입니다. 화자간의 영향력은 일방향이 아닌 양방향으로 미치게 되었습니다.

공공기관의 의사소통은 복수의 채널을 통해 이루어 집니다. 공공소통의 목적은(정부 차원에서 보자면) 국가의 사상과 이상, 제도와 정책에 대한 국민의 이해를 이끌어내는 것이고, 핵심 소통전략은 공공기관과 시민의 관계를 조화시키는 것입니다. 미디어 노출에 대한 희망, 광고 집행을 통한 시간/지면 확보(paid media)는 줄어들고 소셜 미디어 네트워크의 자체 미디어(owned media)를 중심으로 채널 운영과 콘텐츠 제작이 본격화되고 있습니다. 소셜 미디어는 대중과 소통하기 위한 방법으로 진화하고 증폭되어 절정에 이르렀습니다. 개인, 기업, 유명인사들은 이를 최대한 활용해 그 힘을 발휘했지만 공공 기관은 소셜 미디어를 홍보 도구로서 최대화하는 데 상대적으로 더디게 움직인 측면이 있습니다. 하지만, 스스로 보유한 미디어를 관리하는 새로운 소통의 시대에서 공공 기관 역시 대화의 파트너인 국민과 깊은 신뢰를 쌓아 나가는 것이 필수적이며, 믿을 만한 정보를 제공하여 궁극적으로 신뢰성을 높이는 것을 지향하고 있습니다. 효과적인 소셜 미디어는 정보를 추구하는 국민들에게 정보를 확산하는 홍보 도구로 적극 활용되고 있습니다.

민간 기업과 비교하면 아직도 부족하다고 생각하는 분도 계실 것 같습니다. 미국이란 나라와 비교하는 것이 스스로도 이상하긴 합니다만, 그래도 이해를 높이기 위함이란 사실을 양해해 주면 좋겠습니

자료: 대한민국정부 유튜브 채널 캡쳐이미지

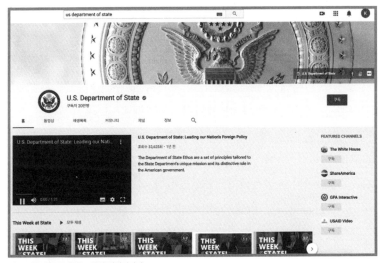

자료: 미국 국무부 유튜브 채널 캡쳐이미지

2. 대화를 시작한 공공기관의 디지털 소통

다. 미국 국무부의 유튜브 채널은 2007년에 개설되어 1만 여개에 가까운 영상이 업로드 되어 있고 구독자수는 20만 정도입니다. 2011년에 개설된 대한민국 정부 유튜브 채널은 구독자수 26만명으로 오히려 높은 수준입니다. 우리나라 교육부는 구독자 기준 3만명 정도를 약간 상회하는데요, 미국의 교육부는 1만명 정도입니다. 미 육군은 14.5만명, 우리나라 육군은 13.8만명이니 어떻습니까? 미국 연방경찰 FBI의 구독자는 15만명, 우리나라 경찰청은 21.6만명입니다(상기 구독자 데이터는 모두 2020년 10월 기준). 우리나라와 미국 공공기관의 구독자 수 비교는 3억명의 미국 인구와 약 5천만명의 우리나라 인구를 비교할 때 우리나라가 더 큰 매체력을 가지고 있다고 이해할 수 있습니다. 물론 구독자수의 직접적 비교는 큰 의미가 없을 수 있습니다. 정부기관의 소셜미디어 운영 철학이 국가마다 다를 수 있고, 투입되는 예산, 인적 자원의 차이도 있을 수 있습니다. 더더구나 국민들의 정보 탐색 경로, 활용 정도가 다를 수도 있습니다. 하지만 정부 기관이 소셜미디어를 운영하는 것은 너무 보편화된 사실이고, 적어도 제가 알기로는 우리나라 정부 기관의 소셜미디어 운영 예산이 그리 많지 않다는 점을 고려하면 대단한 미디어 영향력을 가지고 있다고 할 수 있습니다.

최근에는 거의 모든 유형의 정책 정보, 홍보 콘텐츠는 해당 기관의 소셜 미디어에 공유되고 있습니다. 정부 소통의 기성 체계에 새롭게 합류한 소셜미디어가 한 몸처럼 융화되었다고 해도 과장된 것은 아닐 겁니다. 사실 양방향 소통은 개방성(openness)과 대중과의 협력을 시사합니다. 이에 국민들을 소통의 장으로 이끌어 내는 것의 중요성이 더욱 커지고 있습니다. 나와 직접적 이해관계로 보이는 것을 관여(involvement)라고 하죠. 과거에도 관여를 높이는 커뮤니케이션을 강조해왔는데요, 디지털 커뮤니케이션의 핵심은 참여(인게이지먼트)입니다. 효과적인 디지털 커뮤니케이션은 기관의 소통 목표를 명확히 하고, 목표 청중 집단을 정확히 인식하고 해당 집단에 대한 인게이지먼트를 기획하고 설계하는 것이 그 첫걸음입니다. 그래야만 운영 중인 보유 미디어에서의 메시지 전달이 이루어지고, 그 전달을 통해 리인게이지먼트가 가능해지고 궁극적으로 두 주체간의 관계 형성이 가능하기 때문입니다. 대화를 시작한 공공 기관들의 소통 활동이 어떤 멋진 결과를 가져올 지 기대되고 있습니다.

인식 개선, 정보 전달 목표
비중이 높은 현재의
디지털 공공 소통

정보 제공 중심의 디지털 소통

공공 기관의 소통은 어떤 목적을 가지고 있을까요? 영국의 커뮤니케이션 학자 자바루(Javaru, 2010)는 공공기관(정확히는 정부 government) 커뮤니케이션의 목적은 정보를 알리는 것(informing), 개혁이나 정책을 위한 설득(persuading), 동의를 구하는 것(achieving consensus), 정책의 인지도를 높이는 것(raising awareness), 국민을 교육하는 것(civic education), 사회의 분위기를 느끼는 것(listening or feeling the pulse of society), 투명성을 강화하는 것(fostering transparency) 등 다양한 것임을 설명하고 있습니다. 국내에서는 공공 소통의 목적을 어떻게 분석하고 있을까요? 김민경, 조수영(2015)의 연구에서, 정부기관의 메시지 목적을 분석한 결과, 정보제공(47.8%), 상황보고(19.8%), 공지 및 알림(14.3%) 등이 높은 비중을 차지했고, 이벤트 공지(7.8%), 일기 및 일상(6.5%), 위기/미디어 대응(3.1%), 퀴즈 및 질문(0.7%)의 비율로 나타났습니다. 김현정(2017) 교수도 소셜미디어의 정책 PR 콘텐츠 내용 분석 연구에서 행사 관련 공지(46%), 정책 직접고지(25%), 이벤트(12.6%), 관련 지식 교육(9.5%) 중심의 소셜미디어 메시지 운영 행태를 발표하였습니다. 두 연구의 결과만으로 디지털 소통의 시대에도 여전히 '정보 제공' 중심이라는 결론을 내리기는 어렵지만 공공 기관의 소셜미디어를 팔로우하고 있는 분들이라면, 2015년, 2017년 두 연구 결과의 내용과 크게 다르지 않다는 것을 느낄 수 있을 것입니다.

인식 개선과 정보 제공의 비중이 높은 이유

소셜미디어가 가져 온 디지털 소통의 핵심적 가치는 engagement라고 말씀드렸는데요, 아직도 '인식 개선', '정보 제공'을 목표로 하는 소통의 비중이 높을까요?

많은 전문가들은 다음과 같이 분석합니다. 첫째, 목표 청중의 범위가 넓고, 홍보해야 할 아이템이 너무 다양합니다. 디지털 소통에서 가장 중요한 것은 타겟팅이라 할 수 있습니다. 타겟팅은 때로는 미시적으로, 때로는 거시적으로 목표 청중을 사전에 설정한다는 의미인데요. 타겟팅에 의해 채널 운영 전략, 콘텐츠 전략이 결정되는 중요한 출발점입니다. 그런데 공공 기관은 일부를 제외하고는 거의 모든 연령대에 영향을 미치는 정책에 관여되는 만큼, 이해관계자가 특정 집단에 한정되는 경우가 거의 없습니다. 그렇다 보니 공공 기관의 디지털 소통이 인게이지먼트를 높일 수 있도록 설계되기가 어려운 면이 있습니다. 물론 이 이유는 변명이라고 할 수도 있습니다. 예를 들어 아디다스와 같은 글로벌 기업이 특정 세대만을 위한 운동화를 생산하는 것은 아니겠죠. 하지만 이들은 핵심 청중(core target)을 특정 연령대(예를 들어 유행에 민감한 20대 초반)로 설정하고, 브랜드 커뮤니케이션 활동을 전개합니다. 이들이 핵심 청중 중심으로 소통을 하는 것은 목표 청중에 대한 커뮤니케이션 만으로 브랜드의 인지, 매출에 전략적 손실이 적을 것이라는 리서치 등의 근거에 기반합니다. 이에

3. 인식 개선, 정보 전달 목표 비중이 높은 현재의 디지털 공공 소통

기업의 목표 청중　　　　　공공 기관의 목표 청중

코어가 있음　　　　　　　범위가 넓음

비해 공공 소통은 핵심 청중을 정하는 것이 어렵습니다. 청중이 모호하다 보니 청중에게 어필할 수 있는 콘텐츠 보다는 '기관이 전달해야 하는 메시지 중심'으로 운영될 가능성이 크기 마련인 셈입니다.

둘째, 디지털 소통에 대한 인식의 문제입니다. 디지털 소통의 중요성에 대한 공감대는 충분히 형성되어 있지만, 운영하고 있는 디지털 미디어에 게시하는 것만을 소통의 활동으로 이해하는 인식이 높습니다. 콘텐츠를 제작하고 게시하는 활동이 중요하지 않는 것은 아닙니다. 하지만 디지털 소통의 본질적 가치와 의미는 목표 청중과의 인게이지먼트를 높이는 것이기 때문에 이를 위한 활동도 더욱 중요하게 고려되어야 합니다. 공공 기관이 매일 게시하는 콘텐츠의 양은 사실 너무 많습니다. 매일 생산해야 하는 콘텐츠가 많으니 당장은 '알려야 하는' 콘텐츠가 많아지고, 완성도 높은 기획 아이템과 캠페인의 비중은 적어지는 상황이 반복되는 것이죠.

셋째, 많은 소셜미디어를 운영함에 따른 콘텐츠 재활용의 문제입니다. 2000년대 초반 'one source multi use'의 개념이 유행했습니다. 우수한 기획으로 제작된 콘텐츠를 2차, 3차 콘텐츠로 가공하여 재확산하는 것을 의미합니다. '제작한 콘텐츠는 모든 곳에 게시한다 create

자료: 기업의 sns에 업로드 된 콘텐츠 캡쳐이미지

once, publish everywhere' 라는 개념과 유사한 것입니다. 공공 기관은 여러가지의 소셜미디어를 운영합니다. 각 플랫폼은 배타적으로 고유한 특징을 가지고 있는데요, 그 특징에 따라 사용자가 조금씩 다릅니다. 하지만 목표 청중을 정하기 모호한 점, 제작 인력이 하루에 게시해야 하는 콘텐츠가 많은 점 등에 따라 플랫폼의 차별적 성격을 고려하지 않고 콘텐츠의 재사용이 빈번하게 일어납니다. 결국 정보 제공 콘텐츠가 여러 소셜미디어에서 목격되는 이유입니다.

　마지막으로는 소비자 행동 변화 단계 모델에 대한 인식이 여전히 지배하고 있는 문제입니다. 커뮤니케이션 이론을 학습한 분들은 '소비자 구매행동 프로세스'의 개념에 익숙하실텐데요. 소비자들이 행동(behavior)을 하기 전 인지 단계(cognition)와 감정 처리 단계(affect)의 위계적 프로세스를 거친다는 이론입니다. 이 계층적 모델에서 메시지가 자극(Stimulus)으로 작용하고 소비자의 행동은 반응(Response)으로 나타나는데요, 대표적인 것이 AIDMA모델입니다. 1920년대 미국 경제학자 롤랜드 홀(Rolland Hall)은 소비자 구매행동은 주의(attention), 흥미(interest), 욕망(desire), 기억(memory), 행동(action)의 과정을 가지는 것으로 주장합니다. AIDMA 모델은 효과 모델 또는 계층적 모델로 알려진 많은 모델의 원형으로 알려져 있습니다. 효과 모델의 계층 구조는 공통적으로 인식 인식(Cognition) - 감정(Affect) - 행동(Behavior)을 포함하는데요, 아래 표에서 처럼 다양한 개념으로 응용, 확산됩니다. 1960년대 라비지와 슈타이너(Lavidge & Steiner)가 제안한 '효과의 계층 구조 hierarchy of effects' 모형 역시 인지(awareness), 지식(knowledge), 호감(liking), 선호(preference), 확신(conviction), 구매(purchase)의 6단계에 복잡한 과정을 설명하지만 그 구조는 유사합니다. 이러한 이론들이 오랫동안 커뮤니케이션 영역인 광고, 홍보 분야를 지배해 왔고, 그렇다보니 공공 소통의 분야에도 이러한 위계에 대한 인식이 저변에 있는 것이죠. 즉 많이 알리고 흥미와 감정적 교류를 하면 행동으로 연결될 수 있다는 기대감 같은 것이라고 할까요. 그러한 이유로 인식을 바꾸려는 정보 제공의 커뮤니케이션 비중이 높게 나타나고 있습니다.

소비자의 구매 위계 설명

인식	감정	행동
Cognition	Affect	Behavior
Awareness	Feeling	Action
Learning	Interest	Purchase
	Desire	

위계 구조로 설명하는 모형들이 소개된 1900년도 초반과, 이론이 심화된 1960년대는 오늘날 만큼 시장 경쟁이 치열하지 않았고, 커뮤니케이션 활동이 상대적으로 덜했기 때문에 소비자들의 구매 활동을 합리적으로 설명하는 것으로 이해되었습니다. 하지만, 대량 생산이 본격화되고, 인터넷 기술이 등장하면서 소비자들은 정보를 기억하기 보다는 검색하고 비교할 수 있는 여건이 만들어지기 시작했습

니다. 일본의 광고회사 덴츠(Dentsu)는 2002년 새로운 소비자 행동 모델(AISAS)을 제시합니다. 소비자 스스로 필요한 정보를 얻고, 메시지를 생산하고, 타인과 공유하는 행동을 포괄하는 개념으로 인지(Attention), 흥미(interest), 검색(Search), 행동(Action), 공유(Share)의 단계를 제시합니다. 기존 모델이 소비자에게 기억되는 인지의 중요성을 강조한 반면 이 모델은 검색과 공유를 강조하게 된 것이죠. 빅데이터와 인공지능이 커뮤니케이션 분야에 영향을 미치는 오늘날은 어떨까요? 소비자의 디지털 검색, 소비의 흔적을 추적하고 분석하여 '의사 결정 과정(consumer decision journey)'을 1명의 단위로 세분화 합니다. 의사 결정 과정에 맞춰 개인에 맞는 커뮤니케이션 전략을 수립하는 단계에 이른 것이죠. 제가 하고 싶은 얘기는 새로운 커뮤니케이션 시대에서 디지털 소통은(이론적으로는) 최대한 1인 맞춤형 커뮤니케이션 전략을 하는 것은 현실적으로 어렵더라도 여전히 '정보 제공'에 머물러서는 안된다는 것입니다.

3. 인식 개선, 정보 전달 목표 비중이 높은 현재의 디지털 공공 소통

참여(engagement)를 이끌어 행동을 변화시키는 디지털 소통

왜 행동 변화인가? 공공 소통의 주제성

소셜미디어가 가져온 커뮤니케이션 변화와 대화를 시작한 공공 소통에 대해 살펴보았습니다. 디지털 소통은 파트너인 국민과 양방향의 대화 구조이며, 참여(engagement)가 핵심이란 점에서 전통미디어 시대의 방식과 확연히 달라지고 있습니다. 왜 행동변화를 위한 디지털 캠페인이 중요한 것일까요? 이 본질적인 질문에 대한 답은 첫번째로는 공공 소통이 다루는 정책의 주제에 있습니다. 판매를 목적으로 하는 기업의 커뮤니케이션 활동에 비해, 공공 영역의 소통 주제가 갖는 사회적 의미가 더 크다는 것을 부인하기는 어렵습니다. 예를 들어 보겠습니다. 인간이 살아가는 데 필수적인 공기, 물, 토양의 오염에 관한 환경문제, 제한된 공간에서 인구 급증에 따른 대중교통의 포화, 주차 공간의 부족, 교통 사고 등 교통 문제, 메르스, 코로나19, 조류 독감 등 우리의 생명과 안전을 위협하는 질병의 문제 등은 우리의 삶에 큰 영향을 미치는 중요한 주제입니다.

공공 소통은 기본적으로 설득 커뮤니케이션을 목적으로 합니다.

설득은 타인에게 동기를 유발하고 영향을 주는 행위를 설명합니다. 공공 소통은 대중으로부터 원하는 결과를 얻기 위한 설득의 목적으로 커뮤니케이션을 하고 있는 것이죠.

우리 삶에 직결되는 이런 공공 소통의 주제들은 시간적 여유가 급하지 않는 경우도 있겠지만, 대체로 단기의 참여들이 필요한 경우가 대부분입니다. 인식 제고를 통해 시간을 두고 행동을 변화하기를 기대하거나, 어쩌다(의도하지 않은 채로) 행동 변화가 나타나는 운을 기대하기에는 너무 중차대한 문제들이죠. 그래서 행동 변화를 이끌어내는 캠페인의 중요성이 커지는 것입니다. 이미 행동 변화 캠페인은 디지털 이전의 시대에도 공공 보건 영역에서 사회 마케팅(social marketing)의 개념으로 알려져 왔습니다. 자동차 사고에서 생명을 지키기 위한 안전벨트 착용, 암 예방을 위한 금연 권유, 자원 보호를 위한 재활용 분리 수거 등 즉각적인 행동 변화가 필요한 사회적 이슈들이 대표적 예시입니다. 이 이슈들을 관리해왔던 공공기관은 캠페인 목표를 인지도를 높이는 수준에 머무르지 않았습니다. 사람들의 행동을 바꾸고, 태도를 변화시켜왔습니다. 구성원들의 행동 변화를 바꾸어 더 나은 사회를 위한 소통 활동으로 확대해 온 셈입니다. 인간의 행동 변화는 오랜 기간 동안 형성된 다양한 요인들에 의해 영향을 받습니다. 정보를 제공하여 알리는, 접근성을 높이는 것만으로는 행동 변화를 담보할 수 없다.

또 하나의 이유는 디지털 소통의 고유성입니다. 앞서 말씀드린 것처럼 디지털 소통이 아날로그 시대의 홍보보다 더 중요해지고 있는 것은 본질적으로 수신자의 참여가 가능하게 되었다는 점입니다. 공공 기관이 보유한 미디어를 통해 양방향의 소통 가능한 충성 집단을 확보했고, 데이터 기반의 디지털 소통이 가능해짐에 따라 목표 청중을(최대한 근접하게) 식별할 수 있게 되었고, 정보 추구와 행동 변화의 위계적 구조가 무너진 환경 모두가 해당됩니다. 과거와 달리 기획자가 의도하는 소통의 목적에 따라 원하는 행동 변화를 설계할 수 있게 된 것입니다. 디지털 소통의 시대는 과거의 '정보 제공', '인식 제고'와 같은 일방향적 소통 방식을 넘어서는 새로운 접근을 요구하고 있습니다.

인식 개선, 정보 제공 캠페인의 한계

소비자 의사 결정에 관해 많은 지면을 할애해 설명한 이유는 '정보 제공'만으로는 행동 변화를 이끌어낼 수 없는 시대에 와 있다는 것을 설명하기 위해서입니다. 소셜미디어를 위시한 디지털 커뮤니케이션이 대세가 되면서 소비자들에게는 많은 콘텐츠가 쏟아지고 있습니다. 기업들이 소비자를 자극하기 위해 만든 콘텐츠들이 디지털 플랫폼 모든 곳에 복병처럼 숨어 있습니다. 검색과 같은 정보 추구, 특정 콘텐츠의 반복 소비 등 개인이 가진 성향에 맞춰 언제든 그 사람의 행동 변화를 이끌어 낼 준비를 하고 있죠. 공공 기관도 콘텐츠 생산 면에서는 마찬가지로 뒤지지 않습니다. 중앙 부처, 지방자치 단체 등 정부 기관의 소셜미디어 계정만 해도 1천개가 넘을 정도로 많습니다. 각 기관이 하루에만 수 천 개의 메시지를 국민들에게 전달하고 있는데요, 그야말로 정보의 홍수 속에서 우리가 의도한 행동 변화가 일어나고 있을까요?

종종 공공 기관의 콘텐츠가 큰 화제를 불러일으키곤 합니다. 영상 조회수가 '1백만 뷰가 넘었다'거나, '유명 언론에 소개되었다' 거나 하는 등 말이죠. 이런 높은 미디어 효과도 중요한 결과인 것은 분명합니다. 높은 조회수를 기록하는 것도 실은 목표 청중에 대한 분석이 잘 되었고, 인게이지먼트가 잘 고려된 기획이 수반되었기 때문에 당연히 긍정적인 평가를 받아야 합니다. 하지만 디지털 커뮤니케이션을 통한 공공 소통의 목적을 상기할 필요가 있습니다. 커뮤니케이션의 궁극적 목표는 '행동'입니다. 잘 알려진 콘텐츠가 순간적으로 사람들에게 큰 화제가 될 수는 있으나, 그 기억도 오래 가지는 않죠. 떠들썩할 정도의 빅 히트 콘텐츠도 새로운 콘텐츠에 의해 기억 속에서 사라지는 것을 종종 목격합니다. 어떤 지자체가 굉장히 창의적인 콘텐츠를 많이 만들어 많은 화제가 된 적이 있습니다. 공공적 이슈를 재미있고 유쾌하게 제작하여 많은 분들이 즐거워했고, 호평을 보냈습니다. 앞서도 얘기했다시피 칭찬받아 마땅합니다. 하지만, 매우 재미있게 만든 '불법주차 주민신고'에 대한 콘텐츠가 실제로 해당 지자체의 불법주차 건수를 줄이는데 어느 정도의 기여를 했는지, 타 도시와 비교해서 어떤 효과가 있었는지를 설명하는 보도자료나 홍보 콘텐츠를 본 적은 없습니다. 어쩌면 기획 단계에서 부터 '행동 변화를 염두에 둔 것이 아니라 정보 제공, 인식 제고를 목표로 설정한 것'을 반증하는 사례라고 생각합니다.

디지털 소통을 위한 공공기관의 브랜딩

행동 변화를 이끌 디지털 소통을 위해 공공 기관은 어떻게 준비해야 할까요? 가장 먼저 할 일은 기관의 디지털 소통을 통해 대중으로부터 얻고자 하는 이미지를 구체화하는 것입니다. 이를 흔히 브랜딩(branding)이라고 합니다. 공공 기관에 있어 브랜딩의 개념이 낯설게 느껴질 지도 모르겠습니다. 기관이 근본적으로 추구하는 정체성을 명확히 하고 이를 꾸준히 대중에게 전달하여 경험한 공유의 집합이 브랜드를 형성하게 합니다.

전 세계 170여개국 이상의 국가에서 판매되고 있는 레드불이라는 음료는 1987년 출시와 더불어 '에너지 드링크'라는 시장을 개척합니다. 미국 '에너지 드링크' 시장의 25%를 점유(statista.com) 하며 1위를 굳건히 하고 있는 이 회사가 더욱 유명해 진것은 독특한 브랜딩 때문입니다. 제품 광고를 거의 하지 않는 대신, '도전'이라는 하나의 컨셉으로 다양한 마케팅 활동을, 자사의 소셜미디어를 통해 소통하고 있습니다. 레드불 스트라토스(Red Bull Stratos)라는 우주 낙하 프로젝트는 2012년 펠릭스 바움가르트너가 지상 39 km 에서 자유 낙하하는 장면을 생방송으로 중계하였는데요, 전 세계 800만명 이상의 사람들이 음속(마하 1)을 돌파하는 인간의 도전을 시청하였습니다. 'can you make it'이라는 대학생 대상의 마케팅 프로그램은 3명이 1팀이 되어 레드불 음료 24캔 만으로 7일간 유럽 1천km 이상을 돌아다니며 도전과 모험의 기록을 영상으로 남기는데요, 전 세계 대학생들이 지역예선을 거치며 60개국 이상의 200여개 팀이 도전합니다. 기업들이 운영하는 어떤 대학생 참여 마케팅 이벤트보다 높은 인지도와 호응을 얻고 있습니다.

전기자동차인 테슬라의 최고경영자인 엘런 머스크(Elon Musk)가 화성 이주의 꿈을 실현하기 위해 설립한 '스페이스 X'는 어떤 국가도 하지 못한 로켓 재활용 시대를 열었습니다. 미국 도심의 교통 체증을 해소하기 위한 아이디어로 LA-샌프란시스코를 연결하는 하이퍼루프의 도입도 기업의 정체성을 꾸준히 보여주는 마케팅 활동입니다. 소비자들은 이들의 꾸준한 활동으로 기업이 지향하는 '도전과 모험'의 컨셉을 인식하고 그들을 지지하고 구매하는 것입니다. 레드불과 엘렌 머스크의 사례가 시사하는 것은 공공 기관도 정체성을 뚜렷이 하고, 지속적인 커뮤니케이션 활동을 전개할 필요가 있다는 것입니다. 넓은 범위의 정책을 다루는 공공 기관의 브랜딩이 현실적으로 어려울 수 있습니다. 하지만 불가능한 것은 아닙니다. 기관이 가진 고유한 특성은 반드시 있기 마련입니다. 타 기관과 차별화되는 특성을 기관의 비전과 함께 고려하여 선정하면 됩니다. 민간기업의 브랜딩 활동이 매출이라는 결과를 가져온다면 공공기관의 경우 투명하고, 전문적이며 통일된 경험을 지속적으로 전달할 경우, 그 효과는 신뢰라는 자산으로 돌아오게 됩니다.

디지털 행동변화 캠페인을 위한 변화

출발점은 행동 변화로 이어질 수 있도록 기획의 패러다임을 바꾸는 것입니다. 각 기관은 중요하게 생각하는 문제에 대해 '대상 집단이 이전에 하지 않았던 것을 할 수 있도록 이끌 수 있고 성취가 가능한 행동을 정의' 해야 합니다. 지속적으로 긍정적 행동 변화를 이끌기 위해 다음의 요소들을 고려하는 기획이 이루어져야 하겠습니다. 무엇보다 '구체적 행동 변화 목표'를 찾는것이 필요합니다. '운전 중 전화기 사용의 위험성을 알리는 것'이 아니라, '운전 중 문자 메시지를 하지 않는 것' 처럼, 개선이 필요한 문제의 해결책을 행동으로 옮기게 해야 합니다.

둘째, 가능한 목표 청중을 구체화해야 합니다. 구체화라는 의미는 대상의 범위를 좁게 하는 것을 포함합니다. 기업과 달리 공공 기관은 목표 청중을 규정하는 데 있어서는 다소 어려움이 있습니다. 청중들은 다양한 수준의 교육 성취도, 문화적 배경, 나이, 인종, 신념을 가진 사람들로 구성되어 있습니다. 인구통계(성, 연령, 지역 등) 정의가 가장 기초적이며, 한 단계 나아가 청중 세분화에 성격, 가치관, 의견, 태도, 관심사, 라이프스타일 등 심리학적 정보를 혼합할 수 있습니다. 청중들에 대해 더 많은 정보를 가질수록, 그들과 더 쉽게 의사소통할 수 있고, 기대하는 행동변화를 기대할 수 있습니다. '임신부의 좌석 양보' 캠페인의 경우 '임신부를 제외한 모든 사람이 목표 집단'이 되어서는 곤란합니다. 리서치를 통해 '특별히 문제가 되는 집단'을 찾아내는 것이 필요합니다. 초고령 사회로 접어들면서 기존 노약자석의 부족으로 '노약자들의 임신부석 사용이 높을 수' 있다는 것이죠. 이 경우 목표 집단은 '노약자석을 이용하는 분'들로 좁혀질 수 있습니다.

셋째, 설득력 있는 메시지를 구체화해야 합니다. 목표 청중에 대한 분석은 여기서도 중요한데요, 목표 청중의 태도 형성 과정이나 그들에게 영향을 미칠 수 있는 방법 등이 메시지를 선정하는데 도움이 됩니다. 메시지를 설계할 때, 그들을 위협하지 않고 어떤 반향이 나올지도 예상할 수 있어야 합니다. 어떤 건물이 지정한 흡연 구역 외의 공간에서 발생하는 '건물 입주사 직원'의 흡연이 해결해야 할 문제라면, (일반적으로 통용되는) 흡연 금지를 강조하는 메시지가 아니라 '목표한 청중에게 공감하며 설득적인' 메시지가 만들어져야 합니다. 넷째 행동 변화를 이끌 수 있는 특별한 촉매제를 배치해야 합니다. '목표 청중'은 하루에도 무수히 많은 콘텐츠를 접하게 됩니다. 기대하는 행동을 막고 있는 방해 요인을 찾아냈다면, 그 장애를 제거하는 촉매제를 설계해야 합니다. 이 촉매제는 대중의 주목을 높이고 캠페인의 중요한 홍보 포인트가 될 수도 있습니다. 다섯째, 주목을 이끌 수 있는 콘텐츠로 제작되어야 합니다. 사람들은 하루에 2,617번 전화기를 스와이프하고 클릭하며(King Online University), 평균적으로 하루 150번 스마트폰을 열어본다고 합니다(Internet Trends). 스마트폰을 비롯한 각종 모바일 디바이스의 이용 시간은 하루 평균 10시간 39분에 이르고 있습니다(Penn State University). 그리고 마이크로소프트는 2000년 이후 인간의 평균 주의력이 12초에서 8초로 떨어진다는 사실을 발견했습니다(https://time.com/3858309/attention-spans-goldfish/). 목표 청중의 관심을 끌기가 점점 어려워지고 있는 만큼, 주목을 끌기 위해서 목표 청중이 본능적으로 연결될 수 있는 흥미롭고, 매력적인 콘텐츠의 중요성이 더욱 커지고 있습니다. 마지막으로 측정 가능한 '행동 변화'의 결과를 기획해야 합니다. 인식 개선 캠페인이 미디어 노출(조회수, 반응수, 도달, 임프레션)을 결과로 평가하는 것에 비해 행동 변화 캠페인은 실제의 행동 변화를 측정해야 합니다. 그럴때야 비로소 진정한 캠페인 기획의 평가가 가능해지며, 해당 주제에 대한 차기 캠페인의 기획에 유의미한 데이터로서 활용성이 크기 때문입니다.

소셜미디어의 변화가 가져온 커뮤니케이션 변화의 흐름이 공공 소통의 영역에서 예외가 될 수 없습니다. 공공 기관의 소통은 우리의 삶에 영향을 미치는 중요한 문제들을 다루고 있습니다. 일방향의 정보 제공이나 인식을 높이는 방식은 디지털 소통의 시대에 어울리지 않습니다. 목표 청중의 참여를 높이고 실제 행동의 변화를 이끌어내는 성공적인 디지털 공공 캠페인이 더욱 중요해지고 있는 시대입니다.

Part **II**

행동변화
디지털 공공소통
사례

Part 1에서는 소셜미디어가 가져온 디지털 커뮤니케이션의 변화, 그리고 공공 소통의 변화와 더불어 '행동 변화 캠페인'의 의미와 가치에 대해 살펴보았습니다. 이번 파트에서는 다양한 주제로 기획, 실행된 국내외 '행동 변화 캠페인'을 소개할까 합니다. 독자 여러분의 이해를 높이기 위해 사례 소개는 동일한 형식으로 통일하였습니다. 우선 전반적 개요를 안내하고, 캠페인이 필요했던 상황과 장애 요인 분석, 행동 변화가 필요한 목표 청중 집단, 행동 변화의 솔루션, 커뮤니케이션의 특이점, 마지막으로 결과 및 성과로 구성하였습니다. 여러분도 국내외 캠페인 사례를 접할때에는 아래의 방식으로 분석하고 이해하시면 좋겠습니다. Part 3에서 캠페인 기획을 고민하는 분들이 실제로 계획을 세울수 있도록 매뉴얼과 같이 단계별로 과정을 안내해 드릴 계획인데요. Part 2에서 소개한 사례들이 자연스럽게 기획 과정을 설명하는 Part 3로 연결될 것입니다. 해외 주요 광고제들은 공공 캠페인을 중요한 분야로 이미 인정하고 시상하고 있습니다. 해외 정부, 공공기관, 민간기업의 공익성 캠페인 사례들이 매년 증가하고 있기도 합니다.

임신부를 위한 좌석양보 신호등
핑크라이트 #PinkLight

캠페인 개요

노인, 어린 아이를 데리고 있는 보호자, 거동이 불편한 사람들, 임신부 등이 대중 교통을 이용할 때, 우선적으로 앉도록 하는 대중 교통 이용 정책이 시행되고 있습니다. 우리나라 역시 버스, 지하철에서 쉽게 '노약자석'을 발견할 수 있습니다. 노약자석에 추가적으로 별도의 '임신부 전용 좌석' 제도 역시 운영되고 있습니다. 임신부들이 편리하게 대중교통을 이용할 수 있도록 하는 배려와, 낮은 출산율을 극복하기 위한 정책 지원이라고도 볼 수 있을 겁니다. 독자들께서는 각자 거주하시는 지역의 지하철에 임신부석을 구분하는 다양한 시도를 아마도 보셨을 겁니다. 긴 의자의 가장자리에는 핑크색으로 구분된 좌석이 있습니다. 이용객들의 양보와 배려가 부족하다고 판단한 일부의 지자체는 승객의 머리쪽, 바닥에도 배려석을 구분하는 시도를 이어가고 있습니다. 임신부 배려석에 앉아 있는 사람들을 '무개념 승객'으로 표현하는 SNS 콘텐츠를 심심찮게 보게 됩니다. 좌석 양보를 둘러싼 승객간의 갈등도 종종 언론에 보도되곤 하지요. 여러분들은 양보가 잘 이루어진다고 느끼시나요? 그렇지 않다면 왜 양보가 잘 이루어지지 않을까요? 필자가 재직하는 동안 기획했던 핑크라이트 캠페인을 소개합니다.

캠페인이 필요했던 환경과 장애

임신부석은 왜 양보가 잘 되지 않았던 걸까요? 거의 대부분의 지자체는 지하철에 양보석을 설치했고, 지상파를 비롯한 많은 언론들이 임신부석에 대한 인식 개선의 필요성을 보도했는데 말이죠. 흔히 사람들의 실천이 요구되는 공공 캠페인이 성과를 내지 못할 때, '성숙하지 못한 시민의식', '잘 알리지 못한 홍보의 부족'을 원인으로 제시하는 경우가 많습니다. 저는 캠페인이 좋은 성과를 만들어내지 못한 것은 다른 무엇보다 '기획의 실패'라는 점을 지적하고 싶습니다. 기획의 출발은 정확한 문제 인식입니다. 즉 어떤 장애 요인들이 '양보라는 기획자가 의도하는 행동 변화'를 막고 있는지 파악하는 것이죠. 문제 인식을 파악하는 많은 방법 중의 하나로 저는 심층 면접의 조사를 실시했고, 놀라운 인사이트를 얻었습니다. 배가 나온 임신부는 양보를 받은 경험이 예상밖으로 높게 나타났다는 사실이었습니다. 문제는 외형적으로 임신을 확인하기 힘든 '배가 많이 나오지 않은 초기 임산부' 집단에 대한 발견이었습니다. 임신부를 하나의 집단으로 규정해 온 오류를 인식한 것이죠. 초기 임신부는 좌석 양보는 커녕 임신부석에 앉아있을 때, 오히려 타인으로부터의 오해를 받고 있었습니다. 임신부에게 배포되는 배지를 가방에 걸고 눈에 띄게 보여줘야 한다는 부담도 컸습니다. 임신부 표식은 많이 알려져 있는 것 같지만, 다수의 사람들이 임신부의 표식을 이해하지 못하고 있었습니다. 많은 사람들이 좌석 양보에 대해 적극적 의사를 밝혔지만, 임신부를 구분하는 것이 어렵다는 점이 가장 큰 장애라는 결론에 이르렀습니다.

캠페인 목표 청중

저를 비롯한 기획집단은 캠페인의 수혜자가 되어야 할 타깃 집단으로 '초기 임신부'를 설정했습니다. 기존에 시도된 '인식 변화 지향의 좌석양보 캠페인'은 배가 나오지 않은 '초기 임신부' 집단에는 적용되기 힘들었다는 것을 인정하는 것이 필요했습니다.

행동변화 솔루션

어떻게 하면 배가 나오지 않는 임신부를 타인에게 인식시킬 수 있을까요? 임신부 표식을 '눈에 잘 띄게 더 크게 만들었어야 할까요?' 기획자들은 기꺼이 양보 의사를 밝힌 시민들과, 양보를 바라는 초기 임신부가 서로의 의사를 쉽게 표현하고, 집단간 오해를 불식할 수 있는 시스템적 접근을 이끌어 낼 수 있는 디지털 솔루션을 찾았습니다. 이제는 많은 이들이 익숙한 블루투스 기술입니다. 발신과 수신의 간단한 기기간 교류를 설계했습니다. 임신부들이 이용하는 보건소, 병원에서 발신기에 해당하는 비콘을 제공하였습

자료: 캠페인 영상 캡쳐

1. 임신부를 위한 좌석양보 신호등 핑크라이트 #PinkLight

51

니다. 지하철 임신부석의 기둥에는 승객의 눈에 잘 띄는 핑크색의 수신기가 설치되었습니다. 임신부가 비콘을 소지하고 임신부석 기기에 1.5 m 이내로 접근하면 수신기의 불이 켜지도록 설정하였습니다. 승객의 이해를 돕기 위해 좌석 옆 투명 유리에 '핑크라이트가 켜지면 임신부에게 자리를 양보해주세요'라는 캠페인 참여 문구를 적어두었습니다.

커뮤니케이션

부산시-김해시를 오가는 경전철에 시범 설치된 핑크라이트. 이해 당사자의 자연스러운 행동 변화를 유도하는 핑크라이트 캠페인에 있어 양보를 하는 사람과, 양보를 받게 되는 임신부 대상에게 특별한 교육은 필요하지 않았습니다. 하지만, 지하철에 설치된 이색적인 장치는 사람들에게 낯설었고, 수신기의 핑크색 불이 켜지려면 발신기인 비콘을 가진 많은 임신부들이 필요했습니다. 핑크라이트 캠페인의 의미와 작동 원리를 설명하는 마이크로 사이트가 만들어졌습니다. 캠페인 시작 전 단계에서 '핑크라이트' 소개 영상 등 디지털 콘텐츠가 제작되었습니다. 임신부들이 모이는 온라인 맘카페에 캠페인이 소개되었고, 지하철 역사, 지하철 전동차 내 포스터가 부착되었습니다. 핑크색 티셔츠를 입은 자원봉사자들이 브로셔를 배포하여 캠페인 참여를 독려하였습니다. 이 모든 활동들은 마이크로페이지로 유도되었습니다. 무사히 목표했던 500개의 비콘이 조기에 임신부에게 배포되었고 핑크라이트가 켜질 수 있는 여건이 조성되었습니다. 캠페인이 시작 되고 난 이후, 귀엽고 신기한 핑크색의 수신기에 불이 켜지는 콘텐츠를 시민들이 촬영하여 자신들의 SNS에 업로드하기 시작했습니다. 시민들이 자발적으로 만든 콘텐츠는 자연스럽게 캠페인 SNS 채널로 공유되어 캠페인이 확산되는 데 큰 역할을 하게 되었습니다.

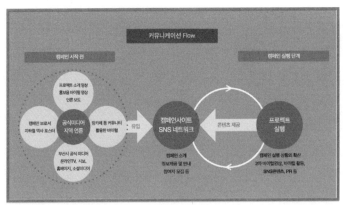

자료: 핑크라이트 커뮤니케이션 계획

결과 및 성과

공공 캠페인의 시작을 보도자료로 배포하면 이를 뉴스로 다루어주는 경우는 점점 줄어들고 있는 것 같습니다. 하지만, 성공한 행동 변화 캠페인이 SNS에서 화제를 불러 일으켜 확산되면 이를 뉴스로 전하는 경우는 점점 많아지고 있습니다. 뉴스로 알려지는 것이 캠페인 성공의 판단 기준은 당연히 아닙니만, 뉴스의 영향력이 큰 것은 사실입니다. 핑크라이트 캠페인이 SNS 확산으로 한국을 넘어 여러 나라로 알려지면서 글로벌 통신사로부터 취재 요청이 왔습니다. 그 통신사의 기사를 출발점으로 세계 많은 언론에 소개되었습니다. 일본 동경메트로에서는 책임자, 실무자가 시청을 방문하여 핑크라이트에 대해 공유하였습니다. 조사, 분석의 결과에서 얻은 인사이트에 기반한 행동변화 캠페인 기획, 행동 변화를 유도하는 디지털 기반의 솔루션, 잘 만들어진 캠페인 영상 등 여러 제반 조건이 세계 3대 광고제인 뉴욕광고제에 출품되어 파이널리스트에 선정되는 성과를 가져왔습니다. 핑크라이트 캠페인은 부산-김해를 오가는 경전철에서 시작한 소규모의 시범 사업이었습니다. 몇 가지 개선을 거쳐 지금은 부산시 모든 노선의 지하철에 설치되어 운영중에 있습니다.

자료: 일본 동경메트로사 관계자의 부산시청 방문

- 기관명 : 부산광역시 (대한민국)
- 기획사 : 대홍기획
- 캠페인 시작 : 2016년 6월

경음기 소음을 일으키는
운전자를 벌주는 신호등
#The Forging Signal
#HonkResponsibly

캠페인 개요

해외 다른 국가를 여행하다 보면, 다양한 낯선 경험들을 하게 됩니다. 여행지가 주는 낯선 경험들에는 교통수단, 교통 환경등도 포함되는 경우가 많죠. 이 캠페인은 도로에서의 경음기 소음에 관한 것입니다. 어떤 국가는 경음기 사용을 최대한 자제하는 곳도 있지만 어떤 나라는(혹은 지역은) 경음기 사용이 너무 활발하기도 하죠. 여러분은 뭄바이를 가보셨나요? 캠페인 소개에 의하면 뭄바이는 세계에서 가장 시끄러운 도시 중 하나라고 합니다. 도로에서 뭄바이 현지인(뭄바이카스)은 차량이 움직일 수 없는 빨간색 신호등에도 경적을 울린다고 합니다. 마두카르 판디 경찰청장은 '경적으로 인한 소음공해는 고막이 아파오며, 심박수가 높아져 교통혼란 발생으로 이어지고, 스트레스가 생긴다'는 캠페인 배경을 설명했습니다. 쉴새 없이 울리는 도로에서의 경음기 사용을 뭄바이 경찰은 어떻게 행동 변화가 가능하도록 했을까요? <벌주는 신호등 The Punishing Signal> 캠페인을 소개합니다.

캠페인이 필요했던 환경과 장애

몸바이에서는 한 시간에 1,800만번의 경적이 울리고 몸바이 운전자는 한 시간에 최소 6번의 경적을 사용한다고 합니다(Hindustan-times 2018.1.29). 경음기 사용에 관한 비교 데이터를 확인하기는 어려운데요. 하루에 48번의 경적은 적지 않은 횟수란 생각이 듭니다. 경음기 과다 사용은 도로 혼잡과 맞물려 더욱 심각한 상황이 만들어지는데요. 교통지표에 따르면 몸바이는 매년 평균 8일 17시간의 교통 혼잡과 65%의 혼잡으로 세계에서 4번째로 교통 혼잡도가 높은 도시로 꼽혔다고 합니다(TOMTOM 2019). 도로가 혼잡하고 신호등이 빨간색인데도 몸바이운전자의 경음기 사용은 왜 늘어날까요? 몸바이 경찰은 문화적 습관을 원인으로 분석했습니다. 경적을 울리면 조금씩 차량이 전진한다는 무모한 믿음이 반복적으로 이어져 운전자들이 '빨간색 신호를 보면 경적을 더 누르게 되는' 나쁜 습관을 형성했다고 판단한 것이죠. 도로 여건은 장기적 개선과제이니 몸바이 경찰은 빨간색 신호에도 경적을 사용하는 기존의 집단적 문화 습관이 가장 큰 장애였습니다. 그리고 이미 몸바이시 경찰청은 여러 차례 소음을 낮추고자 했던 캠페인을 실시하였으나(2018년 HornVrat 캠페인 등) 실패를 경험한 것이 환경과 장애 요인을 잘 이해하고 있는 측면이 있었습니다.

캠페인 목표 청중

행동변화의 목표인 '도로 위 상습적 경음기 사용 문화' 개선은 행위를 하는 운전자에 집중할 필요가 있겠죠. 캠페인을 기획한 몸바이 경찰청은 불필요한 경적 소음은 도로 위 모든 이에게 피해를 주는 위협으로 간주하고, 경적을 덜 사용함으로써 소음과 스트레스가 덜한 주행 환경 개선을 위해서 운전대를 잡고 있는 운전자들을 행동변화가 필요한 타겟 집단으로 설정하였습니다. 경적을 울리는 것이 차량이 움직이는 것과 관계없음을 정확한 타이밍에 메시지를 주기 위해 적합한 설정이었다고 생각합니다.

행동변화 솔루션

강제로 멈추어야 하는 빨간색 신호등에서도 소음을 만드는 운전자들의 행동변화를 위해 기획한 방법은 바로 페널티 부여입니다. 소음을 만드는 사람들에게 더 긴 시간의 빨간색 신호 대기 시간을 부여하는 방법입니다. 여러 운전자가 소음을 만들어 기준 소음을 초과하면 신호 타이머가 저절로 재설정되어 사람들은 신호에서 더 오래 기

자료: 캠페인 영상 캡처

2. 경음기 소음을 일으키는 운전자를 벌주는 신호등 #The Forging Signal #HonkResponsibly

다릴 수밖에 없게 한 것입니다. 뭄바이에서 CSMT, 마린드라이브, 페다 로드, 힌드마타, 반드라 등 교통 체증이 가장 심한 지역 교차로에서 시작되었습니다. 이 지역의 평균 소음은 85 dB. 교차로에서 운전자에게 주어지는 신호 대기는 90초! 85 dB를 넘어서는 소음이 만들어지면 줄어들고 있던 시간이 90초로 재설정되는 처벌이 주어졌습니다. 이 캠페인을 위해 교통신호기에 소음 측정기가 설치되었고, 신호기와 연동되도록 솔루션이 고안되었습니다. 기획자는 <운전자들이 조급해하는 것에 대해 '징벌'하고, 기다리라>는 행동변화 요구를 명확하게 제시하였습니다.

커뮤니케이션

도로라는 한정된 공간에서 운전자들에게 직접 페널티를 부여하는 처벌형 행동변화 캠페인은 소음이 발생하는 현장에서 메시지가 전달되는 것이 중요하겠죠. 현장에서 소음이 85 dB를 넘었을 때, 줄얼르고 있는 신호 대기 시간이 다시 90초로 재설정되는 것을 알리는 것은 매우 중요합니다. 타깃이 현재 하고 있는 행동을 분명히 전달할 필요가 있기 때문이겠죠. 신호등 위의 전광판이 현장형 미디어로 활

자료: 캠페인 영상 캡처

자료: 캠페인 소개 자료

용되었습니다. 메시지는 운전자들에게 주목도를 높이게 간결하게 제
시되었습니다. '경음기를 많이 쓸 수록, 더 많이 기다려야 한다 Honk
More, Wait More' 입니다. 실제 캠페인이 실행된 이후에는 설치된 도
로에서 벌어지는 경음기 사용과, 신호대기 시간 연장의 결과가 고스
란히 영상으로 제작되어 SNS로 확산되었습니다. 당연히 많은 사람들
의 관심을 이끌었죠.

결과 및 성과

묶바이에서 시작된 이 독특한 캠페인은 뉴욕타임즈, BBC, CNN
방송 등 글로벌 미디어에 소개되었습니다. 다양한 플랫폼의 SNS에서
인도 내 화제의 토픽 1위로 선정되었고 가장 많은 공유가 이루어졌습
니다. 캠페인 기획자들의 주장에 의하면 66억의 미디어 임프레션과,
35개국으로 알려졌고, 1,000개가 넘는 뉴스 기사가 전 세계로 확산되
었습니다. 캠페인을 위해 쓰인 광고비가 0원 이었음에도 말이죠. 다

2. 경음기 소음을 일으키는 운전자를 벌주는 신호등 #The Forging Signal #HonkResponsibly

수의 유명 캠페인은 미디어 효과가 많이 강조되곤 합니다. 물론 광고 집행이 없었음에도 이 정도 성과는 대단하다고 할 수 있습니다. 제가 늘 의미 있게 평가하는 것은 캠페인 자체의 확산인데요. 인도 다른 주의 주도인 벵갈루루, 하이데라바드와 같은 도시로 확대되었습니다. 벵갈루루 시내 주요 도로(MG Road, Silk Board, KR Puram)의 소음은 105dB을 넘을 정도로 더 심각하다고 합니다. 아마 인도 전역에서 이 캠페인은 만날 수 있지 않을까 기대해 봅니다.

- 기관명 : 뭄바이 경찰청 Mumbai Police (인도)
- 기획사 : FCB
- 캠페인 시작 : 2020년 1월

빨래집게로 전기를 모아
난민을 돕다 #LightPin

캠페인 개요

　UN난민기구 UNHCR의 자료에 따르면 2019년 말 기준 전 세계 난민의 수는 약 8천만명에 이른다고 합니다(정확히는 4천5백만 명의 사람은 강제 이주, 난민은 Refugees 2천6백만명). 2천 6백만명의 난민(Refugess) 중 절반 가량이 18세 미만이라고 합니다. 교육, 의료, 고용, 이동의 자유와 같은 기본권의 침해와 함께, 공동 수용 시설에 모여 지내는 이들의 삶은 우리가 알지 못하는 많은 위험에 노출될 수 있습니다. 난민시설에서의 소요 사태가 야기하는 화재 말고도 열악한 난민 캠프에서는 드물지 않게 화재로 인한 사망하고가 발생하고 있습니다(2014년 스위스 제네바, 2015년 11월 알제리 등). 2017년 레바논에서도 가스통 폭발로 시작된 화재로 캠프 전체가 불에 타기도 했습니다. 전 세계 수백만 명의 난민들이 전기를 사용할 수 없어 촛불, 등유 램프와 같은 위험한 대체제에 의존할 수밖에 없습니다. 가족이 거주하는 좁은 텐트에서 등유를 에너지원으로 하는 램프 사용은 화재의 위험도 있지만, 어린이들이 등유에서 발생하는 가스에 가슴의 고통을 호소합니다. 초 역시 마찬가지입니다. 불을 켜 두고 잠들다 바닥에 다 녹은 채로 발견되는 일도 비일비재하다고 하네요. 안전한 캠프를 만들기 위해 난민들의 행동 변화가 필요하겠죠. 가스와 양초 사용을 대체할 수 있는 저비용의 지속 가능한 솔루션을 도입한 #Lightpin 캠페인을 소개합니다.

캠페인이 필요했던 환경과 장애

환경 분석과 장애 요인 발굴은 캠프의 방문에서 출발되었습니다. 기획자들은 캠프 내 수용된 대부분의 가족이 똑같이 생긴, 평균 3×3미터의 텐트 공간에 거주하고 있다는 사실을 확인했습니다. 무엇보다 난민들이 하루하루 겪는 주요 문제들 중 하나인 전기 사용이 불가능한 점, 대부분의 난민 캠프에서 그러하듯, 대체 해결책으로 등유 램프와 촛불 사용을 확인할 수 있었습니다. 촛불, 등유 램프는 난민들의 생활을 위해서도, 아이들의 공부를 위해서도 필수적인 도구였습니다. 관찰 외의 다른 방법으로 행동 변화에 필요한 장애 요인을 찾아내긴 어려웠던 기획자들에게 눈에 띈 것이 있습니다. 천막과 천막으로 연결된 캠프의 밖에는 빨래줄이 늘어져 있었습니다. 난민들도 지내는 동안 입고 있는 옷을 빨래하는 것은 당연하겠죠. 관찰 결과 빨래는 8시간 정도 널어두는 것으로 확인되었습니다. 대체제가 없는 난민들에게 화재의 위험성을 알려주고 조심할 것을 권유하는 것은 이미 많이 시도되었고, 이들의 행동 변화를 위해서는 전혀 새로운 시도가 필요한 걸로 보였습니다.

캠페인 목표 청중

일고의 고민 없이 난민이 캠페인 타겟 집단이겠죠. 추가적인 타겟 그룹을 고민해보자면, 난민 문제에 관심이 없는 사람들일 수도 있겠지요. 성공적 난민 지원 프로젝트를 통해서 난민들이 처한 상황

의 인식을 각성하고, 난민들의 삶을 개선하는 국제적 동참과 연대를
이끌어 내기 위한 목적에서 말이죠.

행동변화 솔루션

전기가 제공되는 것이 구조적으로 불가능한 난민 캠프에서 대체
제인 위험 물질의 사용을 금지하는 것은 불가능할 것입니다. 그들에
게 안전하게 사용하라고 하는 정보 제공만으로 간간히 나오는 큰 불
행을 예방할 수는 없는 일. 더더구나 아이들이 등유 가스에서 나오는
유해 물질을 마시는 문제는 완전히 새로운 대체제를 제공하여 행동
변화를 유도할 수 밖에 없는 것이겠죠. 기획자들은 8시간 동안 빨래
를 널때 사용하는 빨래집게에서 힌트를 얻었습니다. 일반적인 빨래
집게 대신 사이즈와 기능은 동일하면서, 세계 최초의 태양열 빨래집

3. 빨래집게로 전기를 모아 난민을 돕다 #LightPin

자료: 캠페인 영상 캡처

게를 만들었습니다. 태양 전지판을 갖춘 놀라운 아이디어는 사용자들에게 친숙했고 실용성이 높았습니다. 낮동안 충분한 에너지를 저장하여, 밤에는 LED 램프로 사용할 수 있는 전력이 충분히 공급되었습니다.

하나의 USB에 연결된 각각의 클립 안에 두 개의 배터리가 있었고, 두 개의 패널이 에너지를 보내 한쪽이 고갈될 경우 두 번째 배터리로 전력을 유지합니다. 디자인적 요소도 고려되어 심플하면서 다양한 색상이 제공되었습니다. 문제가 된 캠페인 장애 요인을 극복하기 위해 디자인 아이디어를 접목한 창의적 해결책이 제시된 것입니다. 이 LED 램프는 램프나 촛불 대신 아이들이 안전하게 공부하기에 충분했습니다.

턱없이 부족한 인프라를 개선하는 프로젝트는 단기에는 불가능한 만큼, 행동 변화를 이끌기 위해 시간, 기술, 자원, 열정으로 해결책을 찾고자 한 기획 집단의 힘이 돋보이는 놀라운 캠페인입니다.

결과 및 성과

기획자들이 받은 긍정적 반응은 매우 많았다고 합니다. 사용, 설치가 간편하고 가격효율성이 좋은 빨래집게 라이트핀은 레바논 주변 여러 캠프에서도 확대 사용되었습니다. 난민들은 낮에 빨래를 하고, 집으로 가져오는 행위만으로 안전하게 조명기구를 사용할 수 있게 된 것입니다. 파일럿으로 시작된 캠페인은 많은 요구에 맞춰 대량 생산을 검토할 계획이라고 합니다. 인도주의적 차원에서 시작된 캠페인은 난민의 실질적 삶을 개선하는 성과를 이루어냈습니다.

• 기관명 : 라이트핀 프로젝트 The Light Pin Project (Lebanon)
• 기획사 : Republique
• 캠페인 시작 : 2018년 1월

면역 시기를 알려 어린이의
목숨을 살리는 비즈
#Immunity Charm

캠페인 개요

　예방 접종이 면역 체계를 발달시키는데 매우 중요하다는 사실을 독자 여러분은 상식으로 알고 있을 것입니다. 신생아의 경우 예방 접종은 생명과 직결되는 중요한 의료 행위입니다. 아프가니스탄은 신생아 1,000명당 115명으로 세계에서 가장 높은 유아 사망율을 기록하고 있습니다. 홍역, 소아마비, 디프테리아 등 선진국에서는 드물게 발생하는 질병이 빈번한 사망 원인이 되고 있었습니다. 신생아가 태어나서 필요한 예방 접종을 마치는 비율이 50%가 되지 않는다고 합니다. 예방 접종을 통해 백신을 모두 다 맞게 되면 150만 명을 더 살릴 수 있다고 하는데요. 아프가니스탄 보건 당국은 50%에 그치는 예방 접종율을 높이기 위해 어떤 캠페인을 준비했을까요? 환경과 장애를 정확하게 분석하고 문화적 인식에 바탕을 둔 훌륭한 행동변화의 기획 Immunity Charm! 백신의 가치와 예방접종의 필요성이 전통적 가치와 어떻게 조화를 이룰 수 있는지를 보여주는 멋진 캠페인을 만나보시죠.

캠페인이 필요했던 환경과 장애

아프가니스탄의 신생아들이 예방 접종을 끝까지 마치지 못하는 원인을 파악하기 위한 리서치가 실시되었습니다. 가장 먼저 제시된 문제 인식은 정보 접근과 기록 보관이었습니다. 대부분의 백신은 생후 처음 몇 년 동안 예정되어 있어야 한다는 점을 감안할 때, 기록 유지는 매우 중요할텐데요. 출산 경험이 있는 독자라면 이러한 사실을 잘 아실거에요. 아프가니스탄에서는 아이들의 접종 기록을 기록한 백신 카드(한국의 아기수첩과 같은)를 분실하여 갖고 있지 않는 경우가 많았다고 합니다. 부모들이 예방접종 카드를 보관하지 않아 의사들은 예방접종 이력을 알지 못하는 상황에 직면했습니다. 인구의 86%가 현대 인프라에 대한 접근이 제한된 외딴 지역에 살고 있어 데이터베이스를 유지할 방법이 없었다고 합니다. 두번째는 높은 문맹률입니다. 무려 62%나 되는 문맹률로 특히 엄마들을 대상으로 제공되는 정보의 전달 효과가 현저히 낮았던 것이지요. 예방 접종의 필요성, 접종 시기 등을 홍보해도 정보 가치를 잃게 되었습니다. 마지막으로 뿌리 깊은 문화적 편견과 정치적 시각으로 인한 신념의 문제였습니다. 행동 변화 캠페인의 성패를 결정짓는데 있어 가장 어려운 장애 중의 하나입니다. 문화적 편견은 인간의 신체가 신성하다는 것, 특정한 화학 물질 등을 신체 혈액, 조직에 주입해서는 안 되며, 신의 뜻이나 자연적인 수단으로 치유되어야 한다는 믿음이 있었습니다. 그리고 정치적으로는 아시아와 아프리카의 일부 지역에서, 백신에 대한 불신은 종종 «서양 음모» 이론에 얽매여 있는데, 이것은 백신이 비서구 공동체를 소독하거나 감염시키기 위한 의도라는 음모와 관련되어 있습니다(UNICEF. Combating anti-vaccination rumors: Lessons learned from case studies in Africa Nairobi, Kenya: UNICEF; 1997:1-68). 이를테면 아프가니스탄 남부의 탈레반은 소아마비 예방 접종을 무슬림을 해치려는 미국의 책략이자 알라의 의지를 피하려는 시도라고 불렀다고 합니다.

캠페인 목표 청중

낮은 예방 접종의 장애 요인이 개인 혹은 의료 시스템의 정보 접근과 기록 보관, 어머니의 문맹율, 마지막으로 문화적 편견과 정치적 시각으로 명료해졌습니다. 행동 변화의 캠페인이 이 장애 요인을 극복해나가는 과정이라고 할때, 제시된 장애 요인에서 캠페인 타겟을 구체화할 수 있습니다. 우선 유아를 키우는 엄마가 1차적 타겟입니다. 이들은 아이의 생존과 관련된 예방 접종에 누구보다 관심을 가질 수 있는 집단입니다. 의료 종사자도 중요한 타겟 집단입니다. 의료 종사자들은 누구보다 백신의 중요성을 알고 있어 행동 변화의 가장 중요한 전도사가 될 수 있습니다. 마지막으로 지역 사회의 구성원입니다. 종교적 믿음과 정치적 견해가 예방 접종과 분리될 필요가 있겠지요.

행동변화 솔루션

파악된 장애를 극복하여 예방접종 이탈율을 낮추어야 합니다. 예방접종에 관한 긍정적인 수용 환경을 조성하고 아프가니스탄 어머니들이 그들의 아이들에게 필요한 예방접종을 마칠 수 있도록 설득해야 했습니다. 예방 접종 과정에 대한 문화적 편견을 가지고 있기 때문에 문화적 접근도 중요하게 고려되었습니다. 낮은 교육 수준을 고려, 핵심 타겟집단인 어머니들에게는 쉬운 방법으로 설명되어야 했습니다. 기획자들의 눈에 띈 것은 팔찌입니다. 수세기 동안, 부모들은 악한 힘으로부터 신생아를 보호하기 위해 팔찌를 착용해오는 관습이 있었습니다. 검은색의 구슬 비즈가 연결된 전통 팔찌를 예방 접종에 이용한 '면역 팔찌'의 창의적 아이디어를 고안해냈습니다. 의료인들은 신생아의 손목에 맞는 팔찌를 제공합니다. 시기에 맞게 접종된 특정 백신에 해당하는 색상의 비즈가 팔찌에 추가됩니다. 아이가 홍역(보라색), 소아마비(빨간색), 디프테리아(초록색) 등 질병에 대한 백신을 추가로 접종받으면서 팔찌에 컬러 비즈가 추가되었습니다.

　각 구슬은 예방접종에 따라 색상이 구분되어 의사들이 의료기록에 접근할 수 없는 곳에서 아이의 접종 내역에 대한 정보를 한눈에 볼 수 있게 되었습니다. 이 캠페인은 전통적인 편견에 대항하며, 문맹의 부모들을 위해 읽거나 쓸 필요가 없는 간단한 방법을 제공했습니다. 의사들에게는 면역력에 대한 식은 열정을 다시 불러일으키도록 도왔습니다. 지역사회도 함께 동참했습니다. 아이들의 팔찌는 눈에 띄는 상징이었고, 색상이 부족한 팔찌를 하고 있는 아이들에게는 이웃 사람들이 엄마에게 예방접종을 권유하는 수단으로 이용되었

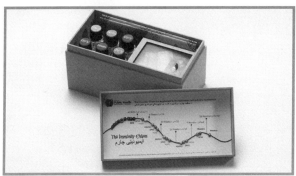

자료: 캠페인 영상 캡쳐

4. 면역 시기를 알려 어린이의 목숨을 살리는 비즈 #Immunity Charm

습니다.

아프가니스탄의 Immunity Charm은 행동 변화 캠페인에 놀라운 시사점을 제공합니다. 지속 가능한 행동 변화를 이끌어 내기 위한 가치 때문인데요. 첫째, 사람들은 기존의 사회 규범에 편승하고, 오래 유지된 신념에 직접적으로 도전하지 않을 때 새로운 행동을 채택하는 것이 쉽다는 것을 보여주고 있습니다. 둘째 새로운 행동들이 사람들의 최소한의 노력에 수반되어 자동화되었다는 점입니다. 셋째, 외적, 내적 습관이 되도록 인센티브 즉 동기 부여를 반복했다는 것입니다.

커뮤니케이션

타겟 그룹에 따라 커뮤니케이션이 분리되어 시행되었습니다. 의료 종사자들에게는 그들의 역할을 정확하게 설명하는 영상물이 제작되어 배포되었습니다. 집단적으로 모아 구체적 방법을 설명하는 training session도 진행되었습니다. 캠페인의 출발은 의료진이 예방 접종을 맞은 아이들에게 비즈를 배포하는 것이기 때문에, immunity charm 키트가 이들에게 제공되었습니다. 자주 묻는 질문들(FAQ)를 정리한 브로셔도 캠페인의 커뮤니케이션에 이용되었습니다. 지역사회와 엄마에게는 예방 접종과 관련된 역할을 정리한 가이드 북이 배포되었습니다. 보건소 등 의료시설에 포스터가 배포되어 캠페인을 소개했구요. 지역 사회에서 영향력이 큰 인플루언서(촌장 등)가 주도하는 오프라인 설명회가 개최되었습니다.

결과 및 성과

아프가니스탄의 immunity charm은 매년 칸에서 시상되는 크리에이티브 어워드에서 최우수상, Lions Health 부문에서 4개의 금메달과 D&AD Impact 어워드에서 4개의 은메달, 1개의 동메달 등을 수

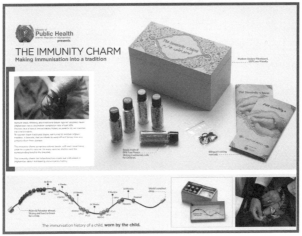

자료: 캠페인 영상 캡쳐, 소개 자료

상했습니다. 창의적 접근에 대해 높은 평가를 받은 것입니다. 무엇보
다 이 캠페인은 기존의 문화적 상징성을 파악해 새로운 의미를 부여
함으로써 적절한 병원 기록이 없는 상태에서 의사들끼리 의사 소통
하면서 산모들에게 예방접종을 하도록 유도하는 새로운 방법을 만들
었습니다. 이 작은 색깔의 비즈 팔찌는 병원에 기록이 없을 때 어린
이의 면역 이력을 알게하는 메시지가 되었고, 보건 종사자들은 예방
접종의 혜택을 엄마들에게 설득할 수 있는 힘을 갖게 되었다는 점입
니다.

아프가니스탄 카불에서 시작된 이 성공적 캠페인은, 다른 지역으로 확대 검토되고 있습니다. 국경을 넘어 인도의 3개 지구에 소개되었고, 아프리카 국가로 확대되고 있다고 합니다.

- 기관명 : 아프가니스탄 정부 Afghanistan Ministry of Health (아프가니스탄)
- 기획사 : McCann
- 캠페인 시작 : 2017년 6월

유방암 자가진단을 위해
영상의 버퍼링 심볼을 바꾸다
#Breast Buffer

캠페인 개요

인도에서 유방암은 여성 10만명당 25.8명꼴로 진단, 사망율은 12.7명으로 나타나는 1위 암으로 알려져 있습니다(Malvia S, Bagadi SA, Dubey US, Saxena S. Epidemiology of breast cancer in Indian women. Asia Pac J Clin Oncol. 2017;13(4):289-295). 2017년 8월 경제연구저널(Journal of Business Research)에 보고된 한 연구에서는 조기 진단 부족으로 지난 10년간 특히 50세 미만 여성들 사이에서 유방암이 급격히 증가했다고 합니다. 유방암에 대한 잠재적 위험이 더 커지는 상황에도 불구하고, 유방암에 대한 인식이 매우 낮았고, 혹은 잘못된 정보로 인해 무시되는 경우가 빈번했다고 합니다. 유방암의 경우 특히 조기 진단이 치료와 생존에 매우 중요하다는 것을 고려해야 했습니다. 자가 진단의 중요성과 징후를 정기적으로 확인할 필요성을 적극적으로 알릴 필요가 있었습니다. 여성들의 디지털 콘텐츠 소비와 접목, 디지털 시대의 특징을 기가 막히게 응용한 창의적 캠페인을 소개합니다.

캠페인이 필요했던 환경과 장애

유방암의 생존율은 발견하는 시기와의 상관성이 크다고 합니다. 유방암은 치료가 가능한 질병으로, 조기에 확인되면 생존 가능성이 더 크다고 하죠. 생존율을 높이는 방법은 인지도를 높이는 것이라 하구요. 그렇게 할 수 있는 유일한 방법은 그것이 어떻게 식별될 수 있는지, 그리고 적시에 진단할 수 있는 방법을 알려주는 것입니다. 유방암 인식에 대한 연구 결과, 인도에서는 유방암 진단의 지연 현상이 있었습니다. 원인으로는 문화적, 종교적 이유로 여성들이 보건 서비스에 접근하지 못하고 남성 의사에게 상담받기를 주저한다고 합니다. 또, 여전한 가부장제 사회로 자신의 건강보다, 가족에 대한 여성으로서의 의무가 더 우선되는 문화적 이유도 크다고 합니다. 그리고 어떤 연구에서는 심층면접 결과 유방암과 같은 주제가 가족 내에서, 남성과 여성 사이, 심지어는 남편과 아내 사이에서도 논의되지 않는 경우가 많았다고 하네요(BREAST CANCER STUDY IN INDIA SHOWS HOW THE COUNTRY CAN AVOID CRISIS., 2017). 결국 여성들에게만 찾아오는 질병인 유방암을 어느 누구와도 얘기할 수 없는 사회, 문화적 환경에서 여성 스스로 자가 진단의 필요성을 이해하고 진단 방법을 숙지할 수 있는 행동 변화가 필요했습니다.

캠페인 목표 청중

유방암은 여성들에게 나타나는 질병으로 자가 진단이 중요한 이유와 방법을 알아야 하는 대상은 당연히 여성으로 타겟 집단에 대한 이론의 여지는 없습니다. 강조하고 싶은 것은, 인도만의 고유한 문화적, 사회적 상황에서의 여성이라는 존재, 즉 자신의 문제를 드러내지 못하고 혼자만 앓게 되는 특징을 가진 여성들이란 점입니다. 어떻게 그들을 구분하여 커뮤니케이션하며 원하는 행동 변화를 이끌 수 있을까요?

행동변화 솔루션

인도 여성들은 남성들보다 온라인 콘텐츠를 시청하는데 일 평균 2배나 많은 시간을 이용한다고 합니다. 인도의 인터넷 데이터 속도는 안정적이지 못해 콘텐츠를 소비하는 동안 다운타임(버퍼링)이 발생하는데요. 2015년에 설립된 VOD 플랫폼사이자 이 캠페인의 기획회사인 ALTBalaji는 자사 콘텐츠 분석 결과 평균 1명의 시청자가 하나의 에피소드를 시청하는 중 18초 정도의 시간 동안 버퍼링 기호에 노출된다고 합니다. 120만 명의 여성 가입자가 36만 분의 버퍼링 기호를 시청하게 되는 셈이죠. 이 기획자들의 출발은 이 다운타임 시기에 노출되는 버퍼링 기호를 유용하게 바꿀 수 있을까?에 대한 고민이었습니다. 독자 여러분은 버퍼링 기호가 생각나시나요? 화살표가 원형을 그리는 전형적인 이미지를 떠올리실 거에요. 이 캠페인은 전형적으로 이용하던 버퍼링 표식 이미지를 유방암 자가 진단을 권유하는 창조적인 심볼로 바꾸어 사용한 것입니다.

본인이 좋아하는 콘텐츠를 시청하던 중 생긴 다운타임에서 흔히

5. 유방암 자가진단을 위해 영상의 버퍼링 심볼을 바꾸다 #Breast Buffer

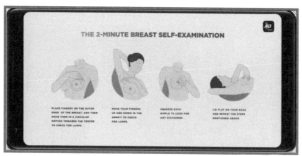
자료: 캠페인 영상 캡쳐

보는 원형 화살표 대신, 사람의 손이 나타나 여성의 유방을 자가 진단하는 이미지가 나타납니다. 버퍼링 기호를 여성들에게 2분간의 유방 자가 검사를 하도록 상기시키는 것으로 바꾸었습니다. 버퍼링은 특히 모바일 장치에서 유용했습니다. 새로운 버퍼 이미지 옆에는 '유방암을 스스로 점검하세요. 궁금하다면, 별도 섹션을 방문해 주세요'라는 메시지가 표출되어 상세한 정보 제공이 추가되었습니다. 2분 정도의 소개 영상과 자가 진단의 순차적 방법이 쉽고 직관성 높게 설명되고 있습니다.

커뮤니케이션

캠페인을 기획하는 과정에 타겟 집단에 노출될 미디어 전략을 수립하는 경우도 있고 그렇지 않은 경우도 있습니다. 캠페인의 유형, 예산의 규모 등에 따라 별도의 커뮤니케이션을 고려합니다. 오래된 트리플 미디어라는 개념이 있습니다. 콘텐츠가 소비자에게 전달, 노출되는 방법으로 첫째는 광고비를 내고 미디어를 활용하는 paid media, 개인/기관이 소유한 미디어를 통해 전달하는 owned media, 타인들의 공유, 확산을 통해 얻게 되는 earned media로 설명됩니다. 디지털 미디어의 확산이 가져온 가장 큰 변화는 역시 공유의 증가입니다. 독자 여러분들도 유익하고 재미있는 콘텐츠를 주변 지인들에게 메신저,

자료: 캠페인 영상 캡처

SNS를 통해 확산하시고 있을 텐데요. Breast buffer 캠페인은 '여성'을 대상으로 하여 '유방암 자가 진단의 중요성'이라는 메시지를 전달하기 위함으로 '드라마를 시청하는 여성'을 커뮤니케이션 타겟으로 설정하였기에 VOD 플랫폼 외에 별도의 paid media 등은 필요하지 않았을 겁니다. 대신 유방암 자가진단을 안내하는 미니 홈페이지(마이크로사이트), ALTBalaji의 공식 SNS 플랫폼에 소개 되었습니다. 대부분의 성공적 캠페인이 그러하듯 자발적은 earned media의 커뮤니케이션 효과가 컸습니다. 많은 인도 유명 셀럽들이 이 캠페인을 지지하고 나섰습니다. 인도의 유명한 여배우 히나 칸(Hina Khan), 사가리카 가트지(Sagarika Ghatge), 아샤 네기(Asha Negi) 등은 영상에 출연해 여성들이 자신을 확인하고 적시에 행동을 취할 수 있는 방법에 대해 지지했습니다. 발리우드의 가장 영향력 있는 여성 프로듀서 중 한 명인 엑타 카푸르(Ekta Kapoor) 또한 자신의 트위터에서 자발적인 확산을 이끌었습니다. 화제성과 유익함이 모두 갖추어 설계된 캠페인이 (유료로 협업하는 방식이 아닌, 자발적인) 유명 셀럽들의 확산을 조력받는 것은 최상의 커뮤니케이션이라고 생각합니다.

결과 및 성과

우선 미디어 효과입니다. 캠페인 시작 3주만에 240만명의 여성에게 도달되었고, 1천2백만 명의 interaction이 일어났다고 합니다. 마이크로사이트에 게시된 자가 진단 지침 안내 영상(tutorial)은 260만의 시청을 기록했다고 합니다. 유방암에 대한 사람들의 인식과 감성을 돕기 위한 목표로 시작되어 예방적 자가 관리에 대한 행동 변화에 대한 분위기가 조성되었습니다. 유방암 자가 진단의 메시지는 병의 예방 차원을 넘어 캠페인의 장애요인이었던 '여성 스스로를 돌보는 것'에 대해 문화적 편견에 대한 경각심을 높이고 여성에 대한 존중의 가치를 높이는 역할을 하게 된 것으로 평가 받고 있습니다. 오랜동안 금기되었던 주제를 의미있는 방식으로 사회에 대화를 던지고, 편견과 장벽을 개선해 나가는 중요한 역할을 하게 되었습니다.

• 기관명 : 알트발라지 ALTBalaji (인도)
• 기획사 : Grey
• 캠페인 시작 : 2019년 4월

TV축구 중계에서 발생하는 가정폭력을 줄이는 두 번째 점수 #Second Scoreboard

캠페인 개요

단일 스포츠 중 전 세계에서 가장 많은 팬을 가진 종목은 바로 축구입니다. 우리나라의 뜨거운 축구 열기는, 유럽, 중남미 국가와 종종 비교되기도 합니다. 중앙아메리카에 위치한 인구 5백만 명의 국가 코스타리카 역시 축구 열기가 뜨거운 나라입니다. 뜨겁다는 표현을 넘어 캠페인 영상에 따르면 광적인 수준이라 하는데요. 문제는 축구 경기가 중계되는 동안 남편이 아내에게 가하는 가정 폭력이 690% 증가한다고 합니다. 코스타리카의 여성 담당 주무 부처(Inamu) 기획자의 '축구 경기 시청 동안 발생하는 가정 폭력'의 감소를 위한 2번째 점수판(second scoreboard) 캠페인을 소개합니다.

캠페인이 필요했던 환경과 장애

축구 경기 시청 시간 동안 일어나는 가정 폭력에 대해 분석한 결과, 남성들은 승부에 대한 몰입으로 높아지는 긴장감, 술을 마시는 행위가 여성들에게 폭력를 가하는 원인으로 나타났습니다. 경기 중 선수들의 활동, 실점 등에 분노했고 술을 마심으로서 감정을 제어하지 못했습니다. 캠페인 목적은 독자 여러분이 상상하시는 것처럼 간단합니다. 가정 폭력을 낮추어야 하는 것이죠. 캠페인 기획에서 가장 두드러진 장애는 축구 경기 시청 상황에 일시적으로 증가하는 가정 폭력의 비율을 어떻게 낮추어야 하는가 였습니다. 결국 캠페인은 문제의 장애 요인을 해소하기 위해 '축구 경기를 활용' 해야 하는 어려움에 처하게 되었습니다.

캠페인 목표 청중

행동변화 공공 캠페인 기획시에 <환경과 장애>요인 분석이 정확하게 이루어지는 것이 매우 중요합니다. 이 과정이 면밀하게 이루어져야 행동변화 솔루션을 적절하게 기획할 수 있는 것은 당연하고, 캠페인 타겟이 명확해 집니다. 타겟 집단이 잘 규정되면 당연히 커뮤니케이션 방법, 미디어 등도 좀 더 구체화할 수 있으니 캠페인의 성과까지 연결됩니다. <Second Scoreboard> 캠페인의 환경과 장애 분석이 명확한 만큼, 타겟 집단은 고민할 것 없이 '축구 경기 중 아내를 폭행하는 남편'입니다. 어떻게 축구 경기 중계 상황에서 그들에게 폭력을 하지 않도록 하는 행동 변화를 기획했을까요?

행동변화 솔루션

기획자는 '축구 경기 시청 시간에 폭력을 행사하는 남성'에게 메시지를 주기 위해 코스타리카의 가장 인기 있는 스포츠 중계 TV 방송사 텔레티카(Teletica)와 코스타리카 축구협회(Fedefutbol)와 공동 캠페인을 기획하게 됩니다. 승부에 대한 몰입으로 생긴 긴장감, 즉 지나친 승부욕이 가정 폭력이 원인이었던 점 기억하시죠? 경기의 내용에 대한 반응과 득/실점이 가져오는 영향력을 고려하여 그들은 두 번째 점수판(second scoreboard)을 등장시킵니다. 여러분도 아시는 것처

자료: 캠페인 영상 캡처

럼 축구 경기 화면 상단에는 경기 중인 팀 이름, 득점 상황을 보여주는 점수판이 있습니다. 아래의 이미지에서 좌측 상단의 스코어보드는 CRC팀과 HAI팀이 경기중이며 두 팀의 점수는 1:0이라는 정보를 제공하고 있습니다. 우리에게 익숙한 이 점수판이 첫 번째라면, 바로 옆에 VCM 15라는 글자와 숫자가 있습니다. 바로 두 번째 점수판인데요. VCM (Violencia Contra Las Mujeres)이라는 글자는 스페인어로 여성에 대한 폭력을 의미하는 단어 조합의 줄임말입니다. 그럼 15는 무엇일까요? 양팀간의 축구 경기가 벌어지는 동안 실시간으로 긴급 신고 전화(911)에 접수된 가정 폭력 신고 건수를 의미합니다. 이제 두 번째 스코어보드가 무엇인지 이해 되시나요. 아마 경기를 지켜보던 축구팬들도 저 숫자에 대해 의아했을 거예요. TV 중계중 가상 광고를 통해 신고 전화 숫자가 크게 확대되고, 아래에는 911을 통해 신고된 전화라는 설명이 더해졌습니다. 안타깝게도 같은 팀의 경기에서 시간이 흐르자 24으로, 31로 숫자가 더 커졌습니다.

6. TV축구 중계에서 발생하는 가정폭력을 줄이는 두 번째 점수 #Second Scoreboard

자료: 캠페인 영상 캡쳐

커뮤니케이션

두번째 점수판은 스포츠 방송사 텔레티카(Teletica)가 중계하는 모든 축구 경기에 등장하였습니다. 축구 경기 중 폭력을 행사하는 사람들이 타깃 집단인만큼 별도의 미디어를 활용한 커뮤니케이션은 필요 없었을 겁니다. 경기를 설명하는 캐스터와 해설자는 가상광고로 커진 VCM 스코어를 알리며 '스코어보드가 0'을 유지하도록 남성들이 변화해야 한다는 메시지를 전합니다. 뿐만 아니라 코스타리카의

자료: 캠페인 영상 캡쳐

유명 축구 선수, 사회적 영향력이 큰 유명인들이 지지함으로써 실제
행동 변화가 일어나야 할 집단 외 많은 사회적 관심과 지지층을 확보
하게 됩니다.

결과 및 성과

　　캠페인의 성과를 설명할 때, 저자가 종종 언급하는 것이 세계 유
수의 광고제 수상 내용입니다. 대체의 세계 국가들이 자국에서 기획,
실행된 민간, 공공의 커뮤니케이션 활동에 대해 평가하고 상을 부여
하는 광고제가 있습니다. 한국에도 대한민국 광고대상이 있듯 말이
죠. 자국 뿐 아니라 전 세계 커뮤니케이션 사례를 평가하는 국제 광
고제도 있는데요. 얼마나 많은 사례들이 접수되는지 독자들께서 아
시면 놀랄거에요. 공공의 캠페인에 대한 비중이 점점 증가하고 있는
데요, 그 만큼 공공 영역의 커뮤니케이션 활동의 중요성이 커지기 때
문이겠죠. 특히 공공 캠페인은 '행동 변화'의 관점에서 평가되는 경우
가 많습니다. Second Scoreboard 캠페인은 국제 광고제 중에서도 권
위를 인정받는 깐느에서 3개의 금상, 2개의 동상 수상 등 많은 광고
제에서 그 가치를 인정받았습니다.

6. TV축구 중계에서 발생하는 가정폭력을 줄이는 두 번째 점수 #Second Scoreboard

이보다 더 중요한 행동 변화는 어땠을까요? 가정 폭력을 0으로 만들지는 못했지만, 캠페인 시작 후 40%의 가정 폭력이 감소되었다고 합니다. 이 캠페인이 구체화한 타깃 집단의 폭력 감소가 행동 변화로 나타난 것이죠.

이 캠페인은 의회에서 한 여성 국회의원에 의해 소개되어 사회적 이슈로서의 환기 차원에서도 성과를 나타내었습니다.

• 기관명 : 코스타리카 축구협회 외 Teletica, Inamu, Fedefutbol (코스타리카)
• 기획사 : JWT San Isidro
• 캠페인 시작 : 2016년 6월

아름다운 풍경을
졸음쉼터로 공유하다
#Breakpoint

캠페인 개요

가끔씩 고속도로를 자동차로 주행하다 보면, 섬뜩한 표어를 보게
되는 경우가 점점 많아지는 것 같습니다. '졸음운전, 목숨을 건 도박
입니다', '겨우 졸음에 목숨을 거시겠습니까?' '깜빡 졸음, 번쩍 저승',
'단 한번의 졸음, 모든 것을 잃습니다'. 무서운 표어죠? 왜 이런 무서
운 표현들이 등장할까요?

운전자들에게 졸음 운전이 가져올 최악의 상황을 상기시켜 휴식

자료: 한국 고속도로 졸음방지 안내

자료: 한국 고속도로 졸음방지 안내

을 권유하는 의도일 겁니다. 우리나라만의 문제가 아닌 다른 나라들의 고민들도 비슷한가 봅니다. 이번에 소개하는 Breakpoint는 호주 정부가 기획한 고속도로에서의 운전자 휴식에 관한 캠페인입니다. 호주에서 발생하는 도로 사망사고의 30%는 운전자의 피로감 때문이라고 합니다. 호주의 교통 사고 전담 부처(교통사고 위원회: Transport Accident Commission)는 주행 중 2시간 마다 정차하여 휴식을 권고하지만 대부분의 운전자들은 그렇지 않은 모양입니다. 졸음 운전 예방을 위해 운전자가 휴식을 하게 만드는 '행동 변화 캠페인'은 가능할까요? TAC의 창의적 캠페인을 소개합니다.

캠페인이 필요했던 환경과 장애

독자 여러분은 운전으로 여행을 계획할 때 충분한 휴식 시간을 고려하시나요? 출발 전 목적지를 검색, 네비게이션이 안내하는 노선과 도착 예정 시간을 스케쥴로 잡지 않으신가요? 많은 분들이 여행의 목적이 무엇이든 장거리 운전을 해야할 때, 가능한 한 빨리 해치우겠다는 의지가 강한 것 같습니다. 고속도로에서 발생하는 사고의 원인인 운전자의 피로를 해결하는 최선의 방법은 휴식이고, 규칙적인 휴식을 취하지 않으려는 운전자들의 습관, 의지가 캠페인의 가장 큰 장애입니다. 그렇다고 부정적 상황만 있는 것은 아닙니다. 유학이나 여행으로 호주에서 운전을 해 본 분이라면 아시듯 아름다운 풍경과 어우러진 고속도로가 많이 있죠. 이 긍정적 환경 요인을 어떻게 활용했을까요?

자료: 캠페인 영상 캡쳐

7. 아름다운 풍경을 졸음쉼터로 공유하다 #Breakpoint

행동변화 솔루션

기획자들은 위협적인 소구 방식이 아닌 운전자가 주기적으로 쉬도록 동기 부여를 고민했습니다. 멈추도록 제어하지 않고 멈출 만한 이유를 찾는 접근입니다. TAC 캠페인팀은 교통 관련 데이터를 사용하여 호주에서 가장 많이 여행하고, 위험성이 높은 경로를 확인하였습니다. 교통 사고 위원회가 선정한 도로는 빅토리아 스키장을 오가는 경로였고, 그 경로에 있는 세부 지역의 이미지를 소셜미디어에서 검색하였습니다. 너무나도 아름다운 풍경의 24곳의 장소가 선정되었습니다. 즉 24개의 Breakpoint가 만들어졌습니다.

빅토리아는 세계에서도 인정받는 아름다운 곳으로 운전자들이 멈출 때 충분히 가치로운 곳임을 소구할 필요가 있었습니다. 선정된 지역은 이미지로 출력, 빌보드로 제작, 설치되었습니다. 이미지는 고속도로의 광고판이 되어 각 사진이 찍힌 장소로 운전자들을 안내했습니다. 광고판에는 이미지와 함께 운전자들을 설득하는 매력적인 메시지가 포함되었습니다. '현재 당신의 위치에서 왼쪽으로 200m (200m on your left)', '졸리시나요? 주차하시죠 #Drowsy? Break Here', '바로 여기에서 좌회전 하세요(Turn left here)', '여기에서 인스타그램을 이용하세요 Revive your instagram here'.

운전자들에게 멈출 만한 이유는 아름다운 풍경을 보는 것, 그리고 그 풍경을 자신들의 소셜미디어에 올리도록 권유하도록 유도하는 것이 행동 변화의 발화점이었습니다.

커뮤니케이션

사실 이 캠페인의 확장성은 커뮤니케이션에서 설명이 가능합니다. 타깃 집단인 운전자에 대한 별도의 광고, 홍보 활동이 많지 않았음에도 이 캠페인은 놀라운 확산을 시작합니다. 기획자의 의도대로 운전자들은 자신들이 머물렀던 브레이크포인트를 방문하여 찍은 사

자료: 캠페인 영상 캡처

진을 자신의 SNS 계정에 올렸고, 이 아름다운 풍경들은 많은 이들에게 확산되었습니다.

캠페인 초기에 구축된 마이크로사이트 https://www.towardszero.vic.gov.au/breakpoint#/에는 선정된 24개의 브레이크포인트가 안내되어 있었는데요. 사람들이 접속하여 온라인을 통해 스스로 여행을 계획하기 시작했습니다. 그들의 목적지 상에 있는 브레이크포인트를 스스로 선정하여 경로를 선택한 것입니다.

캠페인을 위해 선정한 24곳의 브레이크포인트 외에 운전자들은 그들만의 브레이크포인트를 선정, 공유하게 됩니다. 기획자들이 의도한 캠페인의 범위를 넘어, 이용자가 캠페인을 주인공이 되었습니다.

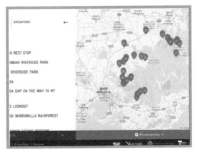

자료: 캠페인 영상 캡처

7. 아름다운 풍경을 졸음쉼터로 공유하다 #Breakpoint

해시태그 #브레이크포인트빅(breakpointvic)을 이용해 인스타그램에 업로드된 아름다움 브레이크포인트들은 새로운 운전자들에게 휴식을 권하는 훌륭한 가치가 되었습니다.

결과 및 성과

브레이크포인트는 전통적 광고와 디지털 마케팅을 결합해 운전자들이 긴 여정에서 잠시 멈추고 휴식을 권하는 독창적 캠페인이었습니다. 무엇보다 이 캠페인은 운전자들에게 차를 세워야 할 기발한 이유를 제공함으로써, 더 많은 사람들이 절실히 필요로 하는 휴식을 취하게 했고, 그 결과 캠페인이 목표로 했던 것처럼 83%의 사망자가 줄어들었습니다. 부가적으로 사람들이 여행을 계획하는 데 도움을 주었고, SNS 콘텐츠에 새로운 경험을 공유하게 되었습니다. 목적지에 도착하기 위한 긴 여정의 운전이 아니라, 자신들만의 고유한 여행이 되었습니다.

• 기관명 : 교통사고위원회 Transport Accident Commission (호주)
• 기획사 : BBDO
• 캠페인 시작 : 2018년 8월

노상방뇨를 포기하게 만든
신성한 언어 #Language Matters

캠페인 개요

70년 이전에 출생한 독자들은 어린 시절 흔히 보았을 '소변금지' 표지판을 기억하실 거예요. 제법 홍보물의 모양을 갖춘 포스터도 있었지만, 담벼락에 페인트 등으로 대강 갈겨쓴 것 같은 문구를 도심에서도 흔히 볼 수 있었습니다. 무서운 가위 그림과 함께요. 서남아시아 국가인 방글라데시의 다카(Dhaka)로 떠나봅니다. 도심에서 노상방뇨를 하는 남성들의 행동을 변화시킨 캠페인을 소개할 거예요. 국가의 수도로서 성장하는 도시이건만, 오래된 낡은 관습인 노상 방뇨가 문제였습니다. 도심 곳곳에 쓰여진 '소변 금지' 문구를 무색하게 만든 노상방뇨를 하는 사람들의 행동을 방글라데시 종교부처는 어떤 방법으로 바꾸었을까요? <Language Matters> 캠페인입니다.

캠페인이 필요했던 환경과 장애

소변을 금지하는 문구가 도심 곳곳에 있습니다. 나쁜 행동을 하지 말라는 요구인 셈이죠. 종교부처가 관찰한 남성들의 노상방뇨 행

자료: 캠페인 영상 캡처

위는 역설적이게도, '소변 금지' 문구가 써있는 벽에서도 예외가 없었습니다. 금지 메시지는 대중의 행동을 막는데 효과가 없음이 입증되었습니다. 이용할 수 있는 공중 화장실이 부족한 원인일까요? 국민의 90% 이상이 이슬람교도(캠페인 영상)인 이 나라에는 1만 여개가 넘는 모스크가 있습니다. 당연히 깨끗한 화장실 시설을 갖추고 있구요. 종교부의 판단은 화장실 부족이 아니었습니다. 벽에 금지를 표시하는 자국어 벵골어의 메시지가 영향을 미치지 못하는 것이 원인이었습니다.

행동변화 솔루션

앞서도 말씀드렸지만 대부분의 국민들이 이슬람교도인 점이 문제 해결의 중요한 단초가 되었습니다. 무슬림인 이들은 아랍어를 성어(성스러운 언어)로 인식한다고 합니다. 비록 아랍어를 읽거나 말하지 못하는데도 말이죠. 방글라데시 종교 당국은 이웃 국가인 인도에서 시도한 캠페인에서 아이디어를 얻었다고 합니다. 노상방뇨의 동일한 문제를 겪은 인도는 힌두교의 신과 여신들의 사진을 벽에 그려두어 행동변화를 시도했다고 합니다. 라크슈미(Lakshmi), 시바(Shiva), 사라스와티(Sawaswati), 하누만(Hanuman)와 같은 신들을 말이죠.

캠페인 기획자는 '소변 금지' 문구를 벵골어에서 아랍어로 바꾸어 메시지를 구성하였습니다. 사람들이 성어로 믿는 언어로 동일한 문구를 바꾼 것만으로 사람들은 더 많은 주의를 기울이게 되었습니다. 사회적 악을 막기 위해 종교적 오해("아랍어는 성스러운 언어")라는 관념을 활용한 것입니다.

자료: 캠페인 영상 캡쳐(예수와 힌두교 구루인 사이 바바(Sai Baba), 메시지는 '청결은 경건함 다음으로 중요하다'

자료: 캠페인 영상 캡쳐

커뮤니케이션

공공 캠페인들이 미디어를 플랫폼으로 실행되는 경우가 많습니다. 캠페인 파트너로 방송사, 신문사와 같은 언론이 파트너가 되는 경우가 전통적이라면, 최근에는 디지털 미디어를 잘 활용하여 적은 금액으로도 큰 효과를 보기도 합니다. 디지털 미디어의 장점은 타겟팅이 가능하다는 점에서 더 매력적입니다. 하지만 공공캠페인이 설정한 목표 청중을 정밀하게 구분하기 어려운 경우가 많습니다. 그래서 종종 옥외 미디어가 이용됩니다. 아무리 디지털 미디어 시대라 해도, 광범위한 타겟집단일 수록 동선에 노출되기에 옥외 미디어 처럼 효과가 좋은 미디어는 없습니다. '노상 방뇨를 하는 남성'을 타겟팅하는 계획을 직접 세워보신다면 잘 이해가 되지 않을까요? 타겟 세분화가 가능한 미디어라 하더라도 저런 집단을 구분해 낼 수 있을까요? 오히려 현장 조사를 통해 '노상 방뇨가 빈번한 지역의 벽' 자체가 캠페인 미디어가 되었습니다. 유료 미디어를 이용하지 않은 행동 변화 캠페인 사례라고 할 수 있겠습니다.

결과 및 성과

이 캠페인이 가져온 행동 변화 성과에 대한 결과는 영상에서 확인이 어려웠습니다. 캠페인 마이크로 사이트가 있는 것도 아니어서 자료를 확인하지 못했습니다. 하지만 캠페인 기획이 방글라데시 종교 부처이니 믿고 봐야겠죠. 캠페인 영상에서 새로운 성어로 쓰여진 문구 앞에 노상 방뇨는 더 이상 일어나지 않음을 확인하게 됩니다. 종교부처의 명예장관 Matior Rahman은 '이 캠페인은 100% 성공할 것이라고 믿는다'라는 인터뷰 내용에서 그 성과를 짐작해봅니다.

- 기관명 : 방글라데시 종교정부 Ministry of Religious Affairs Bangladesh (방글라데시)
- 기획사 : Grey
- 캠페인 시작 : 2015년 4월

헌혈 기증 의사를 해시태그로 받고 DM으로 헌혈을 요청한 #Hashtags for Life

캠페인 개요

해외 공공 캠페인 사례를 연구하다보면, 캠페인의 주제가 국가간 경계가 없이 상당히 유사하다고 느낍니다. 예를 들면 교통, 사회적 약자, 음주 운전, 금연 같은 주제들입니다. 어느 정도의 차이는 있어도, 비슷한 문제를 안고 있다는 생각이 들더군요. 아마 가장 많은 캠페인 중의 하나가 바로 헌혈 장려가 아닐까 합니다. 잉카 문명의 유적지 마추픽추로 우리에게 잘 알려진 페루로 떠나볼까요. 인구 약 3천만명(2017년 CIA)으로 남미 국가중 인구가 네 번째로 많은 나라입니다. 자발적으로 헌혈 의사를 표시한 잠재적 기증자가 겨우 1천여명에 불과하다고 합니다. 우리나라 길거리에서 헌혈을 권유하는 분들이나, 헌혈 버스를 쉽게 접하죠. 디지털 시대에 페루 적십자는 기증 의사가 없는 국민들을 어떻게 변화시켰을까요?

캠페인이 필요했던 환경과 장애

일반적으로 헌혈 캠페인은 헌혈이 갖는 의미 부여를 통해 필요성을 부각하는 설득형 메시지를 구성하는 경우가 많습니다. 사람들의 참여가 적다 보니, 헌혈이 가능한 공간 주변에서 즉각적 참여를 요구하는 캠페인도 흔히 보게 됩니다. 많은 사람들이 외면하게 되는 현장형 캠페인에 대해 이들은 헌혈 참여가 즉흥적일 수 없다는 점을 관찰하게 됩니다. 바쁜 현대인의 일상에서 시간이 소요되고 여러 가지 불편함이 머리 속에 잠재해 있는 이들에게 현장에서 헌혈 기증을 유도한다는 것은 굉장히 어려운 일입니다. 헌혈 희망 의사를 미리 받아둔다고 해도 '헌혈이 급히 필요할 때' 어떻게 기증희망자와 연락할 수 있을 것인가라는 실현 가능성이 한계로 남습니다. 캠페인의 장애 요인은 결국 '현장 참여는 적고, 기부 희망자와 효과적으로 커뮤니케이션 할 수 있는 방법'이 취약한 것이었습니다. 캠페인을 기획한 페루 적십자사와 광고 기획사의 크리에이티브 디렉터는 기존과 전혀 다른 방법으로 다수의 사람들에게 영향을 미칠 수 있어야 한다고 믿었습니다. 이타적 행위—헌혈 기증을 선행이라 부른다면—에 대해 언제든 준비가 되어 있는 기증자의 수를 늘리고 이들에게 커뮤니케이션이 가능하도록 만든 캠페인을 만나보시죠.

캠페인 목표 청중

이 캠페인의 목적은 인구 대비 현저하게 적은 기증자의 수를 늘리는 것입니다. 등록된 기증자 수가 1,250명에 불과하니, 헌혈이 가능한 기준에 있는 모든 국민이 1차적인 타겟입니다. 그리고 이 캠페인은 별도의 타겟 집단이 있습니다. 캠페인 환경과 장애 파트에서 언급한 것처럼, 현장 헌혈의 어려움을 고려, 자발적 헌혈 기증자들에게 헌혈을 요청하는 것이 필요했습니다. 이들도 캠페인 타겟 그룹으로 고려되었습니다.

9. 헌혈 기증 의사를 해시태그로 받고 DM으로 헌혈을 요청한 #Hashtags for Life

행동변화 솔루션

캠페인을 통해 추구했던 행동변화는 무관심한 이들이 자발적 기증자로 신청하게 만드는 입니다. 어떤 전략적 선택의 경우라 하더라도 소셜미디어가 필수적인 플랫폼임을 기획자는 설명합니다. 오늘날 소셜미디어는 사람들과 가장 자연스럽게 직접적 네트워크가 가능합니다. 많은 이용자를 확보하고 있고 고도화된 플랫폼이기에 한정된 예산으로 기존 미디어와는 차별적 캠페인이 가능합니다. 먼저 자발적 기증자 수를 확대하기 위해 이용된 아이디어는 해시태그 입니다. 소셜미디어에 콘텐츠를 업로드하거나 특정한 게시물을 검색할 때 주로 이용하는 해시태그는 많은 캠페인에 활용되고 있습니다. 코로나19 확산 상황에서 질병관리본부가 진행하여 많은 국민이 동참한 '#덕분에챌린지'나 미국에서 발생한 백인 경찰의 흑인에 대한 인종차별적 과잉 체포 과정에 대한 분노로 시작된 '#BlackLivesMatters'가 2020년의 대표적인 사례입니다.

이 캠페인의 기획자는 사람의 혈액형을 해시태그로 응용했습니다. A, B, O, AB 형의 분류 체계에 양성, 음성을 구분하면 'A형 음성은 ANEGATIVE', 'B형 양성은 BPOSITIVE'가 되는 셈입니다. 이 경우 유사한 해시태그가 있을 수 있어 '국가명 PERU'가 더해졌습니다. 완성된 해시태그는 'ONEGATIVEPERU'와 같이 구조화되었습니다. 트위터, 인스타그램, 페이스북을 통해 시작된 캠페인은 각 플랫폼에서 사용자들이 그들의 혈액형을 해시태그 하는 행위 자체만으로 새로운 기증자 데이터베이스에 제출되는 것이었습니다. 해시태그를 공유하는 것 이외의 특별한 '기증자 양식'이나 다른 '복잡한 단계'를 추가로 요구하지 않았습니다. 페루 적십자는 별도의 비용없이 마이크로페이지 하나만으로 해시태그를 검색하면 자발적 기증자 목록을 확인할 수 있게 되었습니다. 이 마이크로사이트는 3개의 플랫폼에서 유입된 기증자 현황을 한눈에 확인할 수 있습니다. 기증자에게 헌혈을

자료: 캠페인 영상 캡처

요청하여 참여하는 것은 커뮤니케이션에서 설명하겠습니다.

커뮤니케이션

일반적으로 캠페인을 기획하는 과정은 타겟 집단에 메시지를 전달하는 방법과 미디어의 선택에 달려있습니다. <Hashtags for Life>는 두 가지 트랙의 커뮤니케이션이 설계된 셈입니다. 우선, 별도의 미디어 집행 없이 해시태그를 통한 커뮤니케이션으로 기증자로 등록하는 행동 변화를 이끌어 냈습니다. 둘째, 이 캠페인은 확보된 기증자들에게 실제 헌혈 행위라는 행동 변화를 유도하는 커뮤니케이션을 어떻게 설계할 것인지도 기획되었습니다. 만약 혈액형 'AB 음성'의 혈액이 갑자기 필요하다고 가정해봅시다. 페루 적십자는 '#ABNEGA-TIVEPERU' 키워드로 검색하면 소셜미디어 상에서 해시태그로 기증의사를 밝힌 이용자들의 계정과 태그가 어떤 플랫폼을 통해서 들어왔는지(페이스북, 트위터, 인스타그램)를 알 수 있습니다. 플랫폼이 기본적으로 제공하는 메시지 전송 수단으로 '우리는 지금 긴급한 상황이다. 당신의 혈액이 필요하다, 도와줄수 있는가?'라는 메시지를 보낼 수 있게 되었습니다.

---

9. 헌혈 기증 의사를 해시태그로 받고 DM으로 헌혈을 요청한 #Hashtags for Life

자료: 캠페인 영상 캡처

결과 및 성과

이 창의적인 캠페인은 세계 최고의 광고제 중 하나인 칸 라이온
즈, 클리오 어워즈에서도 수상을 하게 됩니다. 겨우 15달러의 예산이
투입된 이 캠페인은 시작 전 잠재적 기증자가 1,250명에 불과했는데
요, 캠페인 후 1,800% 증가한 2만 2,983명의 기증자를 확보하였습니
다. 물론 이 캠페인의 성과로 증가한 기증자가 개별적으로 연락할 수
있게 된 행동 요구 방식이 헌혈 행위를 약속하는 것은 아닙니다. 그
렇지만, 오프라인에서 한계에 봉착한 기증자의 확대를 이루어낸 점,
'대중에게 그냥 던져지는 방식이 아니라 구체적으로 지목하여 도움
을 요청하는' 커뮤니케이션은 흔히 선행을 이끌어 내는 티핑 포인트
라는 점에서의 큰 성과라 할 수 있습니다. 이런 결과가 페루의 성과
로 그치지는 않았습니다. 라틴 아메리카 다른 국가인 파라과이, 볼리
비아, 에콰도르, 파나마, 코스타리카로 확대될 예정으로 소개되고 있
습니다.

- 기관명 : 페루 적십자 Peruvian Red Cross (페루)
- 기획사 : McCann Lima
- 캠페인 시작 : 2016년 6월

지친 국민의 삶에 희망을 주는 살아있는 통계 데이터 #Live logo

캠페인 개요

2016년 4월 에콰도르의 에스메랄다스 주 무이스네에서 남동쪽으로 27 km 인근을 진앙지로 발생한 리히터 규모 7.8의 지진이 발생했습니다. 강력한 지진으로 600여명 이상의 사망자, 1만여명이 넘는 부상자의 인명 피해가 발생했습니다. 건물 수천채가 붕괴되었고, 진앙지와 가까운 도시의 피해 규모는 컸습니다. 1인당 국내총생산(GDP) 6,300달러로 세계 74위 수준(2018년 한국은행)으로 경제 규모가 크지 않은 에콰도르는 지진이 가져온 경제적 타격으로 국민 생활 전반의 어려움이 고조되고 있었습니다. 국가적 위기 상황에 처한 에콰도르의 통계 주무 부처가 전개한 캠페인을 소개합니다. 보편적으로 정부 통계는 국민들에게 큰 관심을 불러 일으키는 경우가 많지 않습니다. 이 부처는 자신들이 관리하는 통계 지표에 대한 국민의 관심만을 높이는데 그치지 않고, 국민의 삶에 직결되는 주요 지표를 국가 위기 상황을 극복하는 동력으로 이용한 창의적 캠페인을 진행했습니다.

캠페인이 필요했던 환경과 장애

지진이 가져온 막대한 피해는 에콰도르 국민의 삶에 치명적 영향을 미쳤습니다. 국민의 삶과 관련된 여러 분야의 통계 데이터를 취급, 관리하는 주무 부처는 지표에서 나타나는 부정적 상황을 잘 감지했을 것입니다. 에콰도르 통계 부처는 통계 정보에 대해 국민들이 주목하거나 깊은 관심을 가지지 않는 것에 대한 태도를 바꾸고자 했습니다. 우리나라도 크게 다르지는 않은 것 같습니다. 고용, 경제 등 중요한 지표는 계기를 두고 발표하기 때문에 뉴스에서 많이 취급되어 국민들이 많이 알지만, 기타 정보는 그렇지 않은 경우가 많죠. 통계에 대한 국민들의 무관심이 큰 장애 요인으로 위기 상황에서 국민들에게 통계가 갖는 의미를 관심있게 전달하고 특히 특정 기간 동안의 국민 사기를 일으키고 서로 협동할 수 있는 필요성을 느꼈던 모양입니다. 이런 장애 요인을 극복한 <Live Logo> 캠페인을 소개합니다.

행동변화 솔루션

캠페인은 간단하지만 강력했습니다. 국민들이 현재 느끼는 삶의 수준을 반영하는 데이터를 구성하고 그 지표를 시각적으로 형상화하였습니다. 통계청이 보유한 많은 데이터 중에서도 삶의 질과 직결되는 5가지가 선정되었습니다. 행복(happiness), 고용과 취업 기회(employment and job opportunities), 주택 가용여부(availability of decent housing), 깨끗한 물(access to clean drinking water), 문맹(literacy) 입니다. 각 지표는 5개의 원으로 표현되었습니다. 에콰도르 국기

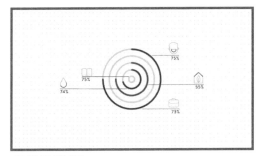

자료: 캠페인 영상 캡처

는 3색의 스트라이프를 바탕으로 하는데요, 노란, 파란, 붉은 색이 로고에 적용되었습니다. 각 5개의 원은 장기적으로 변화하는 것이 아니라 단기적으로 데이터 업데이트를 목표로 진행되었습니다. 당연히 긍정적 방향으로 말이죠. 이 지표는 국민들에게 현재의 삶도 보여주는 기능과 함께 국민 모두가 힘을 모아 위기를 극복해 나가자는 동기부여의 수단으로 기획, 설계되었습니다.

커뮤니케이션

국민들이 쉽게 변화를 체감할 수 있도록 주목도 높고, 생활에서 접촉이 용이한 미디어들이 골고루 활용되었습니다. 구매 미디어(paid media)로는 유동인구가 많은 대형 쇼핑몰의 옥외 전광판, 큰 빌딩의 외벽에 빛을 투사하는 프로젝션 매핑, 버스 쉘터의 옥외 광고 등이 국민들의 동선에 쉽게 노출될 수 있도록 준비되었습니다. 수려한 디

자료: 캠페인 영상 캡처

자인의 로고는 관심을 이끄는데 크게 기여하였습니다. 보유 미디어인(Owned media) 마이크로 사이트는 지표를 측정(설문 방식을 통한 행복도 등)하거나, 업데이트 되고 있는 최신의 지표 현황을 보여주는 허브로 작동하였습니다.

Owned media - 마이크로사이트

변화되고 있는 통계 데이터를 알리는 목적이었던 캠페인은 국민들에게 개선을 위한 참여를 요구했는데요. 동조한 국민들의 자발적으로 컵, 셔츠의 아이템을 개발하여, 생활 속에서 접촉할 수 있는 미디어로 재생산되었습니다. 직접 입거나 사용하는 국민들의 모습이 SNS에서 확산되는 모범적인 커뮤니케이션 효과를 가져왔습니다.

자료: 캠페인 영상 캡처

결과 및 성과

3개월의 짧은 캠페인 기간 동안 Live Logo는 2천5백만회 이상 업데이트되는 성과를 냈습니다. 이 숫자가 중요한 것은 실제 지표가 개선되었다는 것이고, 이는 국민의 삶이 실제로 나아지고 있었던 것을 설명하기 때문입니다. 캠페인이 진행되는 동안, 언론은 뉴스를 전달

자료: 캠페인 영상 캡처

하는 과정에 Live Logo의 지표를 기반으로 리포트 하는 경우도 증가 했습니다. 이 캠페인을 기획한 통계 부처의 이미지에 대한 국민들의 설문 결과는 기존 33%에서 59%로 큰 폭의 긍정적 향상을 가져왔습 니다. 무엇보다 지진 사태 이후 국가를 재건하는 노력과 희망의 아이 콘으로 지지를 얻은 것이 가장 큰 성과라고 할 수 있습니다.

- 기관명 : The National Institute of Statistics and Censuses
- 기획사 : Grey
- 캠페인 시작 : 2016년 6월

Part **III**

행동변화
디지털 공공소통
기획

Part 1에서는 공공 소통 분야가 변화해야 하는 '행동 변화 캠페인'의 의미와 가치를 살펴보았습니다. Part 2에서는 국내외 다양한 주제로 기획, 실행된 '행동 변화 캠페인'을 소개함으로써 이해를 높이려 했습니다. 이번 파트에서는 행동변화 캠페인을 어떻게 설계할 것인가를 집중적으로 다루어 볼 생각입니다. Part 1, 2가 행동변화 캠페인의 이해를 높이고 사례를 공유하는 강의형 타입이라면, 파트 3은 실제로 기획을 염두에 둔 워크숍 과정으로 이해하면 좋겠습니다. 캠페인에 필수적으로 고려되어야 할 요소들을 6단계로 구분하고 각 설계 단계에서 제시해야 할 내용과 방법을 상세하게 정리해 보겠습니다. 본 장의 내용들을 하나하나 따라가다 보면 행동변화 캠페인을 기획할 수 있을 겁니다.

행동변화 캠페인 설계의 과정은 다음의 내용을 명확하게 정리하는 과정이라고 할 수 있습니다. 1) 어떤 사람들을 대상으로 행동 변화를 추구하는가? 2) 어떤 행동 변화를 기대하는가? 3) 행동 변화의 장애물은 무엇인가? 4) 그 대상을 정했을 때, 어떻게 그 사람들에게 행동 변화가 가능하도록 설계할 것인가? 5) 효과적인 커뮤니케이션은 어떻게 수립할 것인가? 6) 기획한 행동 변화의 결과를 어떤 방법으로 측정할 것인가?

행동 변화 설계 6가지 단계를 Part 2에서 소개한 캠페인 <면역 비즈 Immunity Charm>를 실제로 기획하는 것처럼 예시하여 독자 여러분의 이해를 돕겠습니다.

이해 관계자 분석 및
목표 집단 설계

　행동변화 캠페인 기획의 첫 번째 단계는 '이해 관계자 분석과 목표 집단 설계' 입니다. 목표 집단을 잘 정의하는 것이 캠페인의 성공 확률을 높일 수 있습니다. 캠페인이 필요한 상황과 행동 변화의 이유에 대해 구체적인 분석이 가능하고, 목표 집단의 행동 변화가 설계되는 솔루션도 분명해 지기 때문입니다. 이 단계는 이해관계자(stakeholder)를 파악하고 분석하는 과정입니다. 단편적으로 목표 집단만을 설계하는 경우가 있습니다만, 이해 관계가 있는 기관이나 사람을 살펴봄으로서 캠페인의 전략과 전술 수립에 활용하게 됩니다. 이해관계자는 캠페인의 직접적인 영향을 받는 사람(기관) 혹은 목표 타겟에 영향을 미칠 수 있는 사람(기관)으로 설명할 수 있습니다.

　이해관계자를 분석할 때 쓰이는 여러가지 방법이 있는데요, 대표적인 한 가지 방법을 소개하겠습니다. <Rainbow Diagram>이라는 테크닉인데요. 영향을 미치는 당사자와, 영향을 받는 당사자의 정도를 구분하는 단순하면서도 직관성이 높아 작성과 이해가 쉬운 기법입니다. 이슈에 가장 영향을 많이 받거나, 혹은 가장 큰 영향을 미치는 이해관계자를 중심 세그먼트에, 가장 영향을 적게 받거나 영향력이 가장 적은 이해관계자는 중심에서 멀어진 세그먼트에 배치하는 방식입니다.

이해관계자 간의 관계를 고려할 경우 두 집단(개인)을 연결하는 선으로 시각화할 수 있으며, 다이어그램은 이해관계자 간의 주요 차이를 설명하는 다른 특성을 사용하여 조정할 수도 있습니다. 아래에는 Affected, Affecting 이라는 기준이 이용되고 있는데요, '가장 우호적인', '가장 적대적인' 등의 척도를 대체하는 방법입니다.

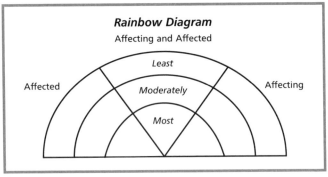

자료: Chevalier, J.M., and D.J. Buckles (2008)

이해관계자 파악에 이용되는 이러한 형태의 매핑(mapping) 방식은 다양한데요. 몇 가지 간단히 소개하면, <Lynda Bourne's Stakeholder Circle>, <Mendelow's power-interest grid>, <Murray-Webster and Simon's three-dimensional grid>, <Influence assessment grid>, <Importance/Influence Matrix> 등이 있습니다. 각각의 목적에 따라 개발된 기법이지만 결론은 모두 이해관계자를 분석하는 도구입니다.

어떤 도구를 이용하든, 이해관계자 분석을 통해 누가 캠페인 이슈에 대해 이해관계가 있는 지를 확인하게 됩니다. 1차 목표 타깃집단(primary target group)과 캠페인 이슈에 영향을 미치는 2차 집단

(secondary target group)을 식별합니다. 1차 목표 집단은 캠페인 목표 달성을 위해 영향을 받아야 하는 집단입니다. 가장 적절한 행동 변화 전략 수립을 위해 정확히 구분되어야 합니다. 1차 목표 집단에 직접 도달할 수 없거나, 1차 목표 집단과의 소통만으로는 변화를 이끌어낼 수 없을 경우, 1차 목표 집단에 영향력을 가진 사람을 동원할 필요가 있습니다. 2차 집단은 1차 목표 타깃 집단에 변화를 이끌어 내는 변화를 만들 수 있는 사람(집단)을 의미합니다. 대중 매체, 종교 또는 다른 전통적 권위자 등 많은 사람들에게 영향을 미쳐 변화를 만들 수 있는 위치에 있는 이해관계자 입니다. 파트2에 소개된 <2nd Scoreboard> 캠페인에서는 '축구 중계중 아내를 폭행하는 남편'이 1차 목표 타깃 집단인데요, 축구를 중계하는 방송국이 중요 이해당사자로 고려되어 캠페인의 한 주체로서 참여하게 되었습니다.

목표 집단을 식별하는 방법으로 리서치가 많이 이용됩니다. 사실 리서치는 캠페인 전체 단계에서 공통적으로 이용되는 방법이긴 합니다. 이 리서치의 상당히 많은 부분이 '이해 관계자 분석과 목표 집단 설계'에 할애됩니다. 대표적인 방법으로는 설문 조사, 포커스그룹 인터뷰(FGI), 심층 인터뷰, 그룹 토론 등이 있습니다. 때론 역할극이나 게임과 같은 창의적인 방법도 질적인 데이터를 수집하기 위해 이용됩니다. 일부 글로벌 광고회사는 목표 집단을 관찰하여 통찰 분석(insight analysis)을 통해 집단을 설명하기도 합니다.

집단에 대한 세그먼트가 더 명확하게 정의될수록 캠페인 메시지가 이해되고 실행될 가능성이 더 커집니다. 캠페인이 행동 변화를 촉진하기 위한 것이라면, '일반 대중'과 같이 포괄적 집단을 규정하는 것은 바람직하지 않습니다. 처음부터 제기해야 할 좋은 질문은 '캠페인 목표를 달성하기 위해 어떤 주요 청중을 확신시켜야 하는가', 그리고 '이러한 청중을 변화시킬 준비가 얼마나 되었는가' 입니다. 1차 타깃 집단에는 우리에게 너무 익숙한 인구통계학적 변인이 있습니다

(성별, 나이, 거주지 같은). 다양한 사회적 배경과 연령대를 가진 사람들의 태도, 감정, 믿음, 가치, 동기, 문화 등 요인들도 살펴보는 것도 필요합니다. 참고할 것은 많은 정보를 가지는 것이 능사는 아니라는 것입니다. 행동변화 캠페인에 있어 핵심이 무엇인가요? 집단의 행동에 영향을 미칠 수 있는 요소들을 이해하는 목적에서의 정보가 가장 중요하다는 것을 잊지 말아야 합니다.

파트2의 <면역 비즈 Immunity Charm> 에서는 1차 목표 타깃 집단은 '아이들의 예방 접종 기록에 대한 필요성에 대해 인식이 낮은 엄마'라고 정의할 수 있습니다. 이들의 행동 변화는 종교, 사회, 문화적 장애 요인이 많았던 점을 살펴볼 때, 장애 요인의 해소와 행동 변화에 영향을 미칠 수 있는 지역 사회(그리고 지역 사회의 리더)가 2차 목표 집단으로 고려할 수 있습니다.

#Immunity Charm 사례의 목표 집단 정의 예시

목표 집단	집단 설명
1차 목표 타깃 집단	예방 접종의 필요성에 대해 인식이 낮은 엄마
2차 집단(이해 당사자)	아이이 성장을 함께 지켜볼 수 있는 지역 사회 (지역 사회의 리더)

②

기대하는 행동 변화 설계

행동 변화 캠페인을 기획하는 두 번째 단계는 '기대하는 행동 변화 설계'입니다. 캠페인이 필요한 주제성을 정확하게 인식하고 목표를 달성하기 위해 가장 효과적인 행동이 무엇인지 정의하는 것입니다. 즉, 행동 변화 목표를 수립하는 것으로 이해하면 됩니다. 목표의 범위가 모호하고, 넓을수록 전략 수립의 단계와 실행의 과정에 더 많은 자원이 필요하게 됩니다. 캠페인에서 추구하는 행동 변화 목표 청중이 기획자가 의도하는 행동변화에 대해 동일한 수준의 이해를 갖는 것이 중요합니다. 캠페인 목표와 결과는 캠페인에 참여하는 모든 사람과 공유되어야 합니다. 만약 캠페인이 여러 집단에 의해 공동으로 수행된다면, 모든 이해 당사자들은 캠페인 목표를 충분히 인식하고 지지해야 합니다.

그래서 목표를 설정할 때는 다음의 원칙을 참고하면 좋겠습니다. 첫째, 문제를 해결하기 위해 무엇을 변경해야 하는지 구체적으로 작성되어야 합니다. 목표 청중의 지식, 기술, 태도, 믿음, 인지 등을 고려하여 캠페인의 모든 참여자가 완전히 이해할 수 있는 방식으로 설계되어야 한다는 의미입니다. 그들의 눈높이에 맞추고 알아듣지 못하거나 오인할 수 있는 가능성을 최대한 피하는 것이 바람직합니다. 파트 2에서 소개했던 아프가니스탄의 <목숨을 살리는 면역 비즈 Immunity Charm>는 진술형 목표는 아니지만, 문맹이 다수를 차지한 대상 집단인 아이 엄마들의 눈높이에 맞는 행동 변화 목표를 설정한 좋은 사례라고 할 수 있습니다. 둘째, 달성 가능한 수준으로 제시되어야 합니다. 캠페인은 문서 위에서 이루어지는 추상적 이벤트가 아닙니다. 제한된 예산, 기간 등 한정된 조건 내에서 성취 가능하도록 제시해야 합니다. 광범위하고 오랜 시간이 걸리는 목표를 설정하는 오류를 종종 목격하게 됩니다. 목표가 아닌 비전 수립과 혼동하는 것입니다. 예산과 기간의 조건을 고려한 목표를 선택할 때 달성될 가능성이 높은 실행 전략을 설계할 수 있습니다. 현실적인 캠페인 목표는 청중들에게 변화가 가능하다는 힘있는 메시지를 보낼 수 있어 더욱 중요합니다. 셋째, 측정 가능해야 합니다. 변화하는 행동이 확인 가능하도록 해야 하는 것을 의미합니다. 목표 수립은 탄탄한 연구를 바탕으로 수립되어야 하고, 실행은 정기적인 평가를 동반해야 합니다. 목표 수립 단계에서 예상했던 상황, 목표 집단의 상호작용이 어떻게 변화하는 지를 살펴 수정해 나가야 하기 때문입니다. 이의 과정은 실행중인 캠페인의 전략 수정에도 유용하지만, 실은 이후의 캠페인 기획에 매우 유용합니다. 실행된 많은 캠페인이 이런 결과를 공유할 수 있는 기록을 갖고 있지 못하기 때문에 같은 주제의 캠페인은 기존의 문제 를 반복하는 오류가 적지 않습니다. 파트2이 사례 <핑크라이트 캠페인>의 경우처럼, 임신부들에게 '자리를 양보'하는 행위가 측정 가능한 목표의 예시입니다.

　　행동 변화 캠페인은 문제의 주요 원인, 이전 유사 캠페인의 결과, 인간의 행동을 설명하는 기존의 연구 등 많은 리서치가 필요합니다. 이런 프로세스에 기초해서 문제를 해결하는 가장 효과적인 행동 목표를 선택합니다. 캠페인의 목표 달성에 직접적이고 중대한 영향을 미치는 행동(문제 해결), 사람들이 왜 실천하지 않는지(혹은 못하는지) 분석(장애물 파악), 행동 변화가 필요한 목표 집단과 영향력 집단 파악 등이 함께 고려되어야 합니다. 어떤 연구자들은 다음의 방식으로 행동 변화 목표 수립 공식을 제시합니다. '목표 대상 집단' + 현재형 문장으로 행동을 설명하는 동사 + 상세 내용(빈도, 시간, 길이, 장소 등)'으로 말입니다. 예를 들어 볼까요? 중학교 학생들에게 '건강하기 위해서는 운동을 꼭 해야 한다'라는 캠페인 목표보다는 '등교하는 학생들에게 매주 수요일 아침 학교 운동장을 2바퀴를 달리고 교실에 입장할 것'과 같은 목표가 더 좋습니다. 파트2에서 소개했던 <Hashtags for Life>의 경우라면, '헌혈이 가능한 성인이 혈액형+페루 해시태그로 팔로워하여 자발적인 기부의사를 표현하게 한다'는 행동 변화 목표문을 만들 수 있겠습니다.

#Immunity Charm 사례의 행동변화 목표 예시

목표 집단	기대하는 행동 변화 목표
예방 접종의 필요성에 대해 인식이 낮은 엄마	월령에 맞게 예방접종을 실시하고, 기록을 보관하게 하여 의료진에게 공유

행동 변화를 막는
장애 요인 파악

목표 집단을 정의하고 변화할 행동 목표를 수립하였다면, 다음 단계는'행동 변화의 장애 요인 파악' 단계입니다. 기획자가 기대하는 행동을 목표 집단이 실천하지 못하게 하는 것은 무엇인지 확인하는 과정입니다.

사람들의 행동에 영향을 미치는 중요한 결정 요인은 어떤 것이 있을까요? 아래 내용을 읽기 전에 독자 여러분은 메모지에 한 번 써 보실 것을 권해 봅니다. 우리의 행동에 영향을 미치는 요인은 생각보다 많습니다. 중요도와 관계없이 순서대로 나열해 보겠습니다. 1) '인식의 심각성과 민감성'입니다. 심각성은 어떤 문제에 대해 개인이 갖는 심각하다는 인식의 정도이고, 민감성은 문제에 대해 취약하거나 위험을 느끼고 있는 지에 대한 인식의 정도를 의미합니다. 쉽게 예를 들면, 코로나19 바이러스의 전파와 관련하여 '반복적 손씻기의 행동'은 '개인의 행동을 통해' 예방할 수 있는 문제의 심각성과 '개인이 행동하지 않을 경우' 개인이 위험에 처할 수 있는 민감성으로 설명 가능합니다. 2) '인식된 긍정적 결과'입니다. 특정한 행동으로 긍정적인 결과를 예상하는 개인의 인식 정도입니다. 건강과 관련된 행동을 설명하는 예시가 이해를 높일 것 같은데요. 비타민 약을 정기적으로 섭취하는 행동은 해당 비타민이 가져오는 우리 몸의 긍정적 효과에 대해 인식된 기대감 때문이겠죠. 3) '인식된 긍정적 결과'의 반대 개념인 '인식된 부정적 결과'입니다. 음주를 즐기는 분들 중에서도 이를 연속 마시지 않고, 하루를 건너뛰어 술을 드시는 경우가 있습니다. '연속해서 음주할 경우 간에 누적되는 부정적 결과'를 인식하는 학습 덕분입니다. 4) 정부의 정책도 이에 해당합니다. 고령화 사회에 접어들고 있는 요즘, 출생과 육아를 권장하고 지원하는 정부의 정책에 따라 임신과 육아에 대한 국민의 행동들은 영향을 받게 됩니다. 5) 정책과 유사한 것으로 지역 내 역사, 관습, 생활양식, 가치관, 관습의 집합체라 할 수 있는 '문화'라는 개념도 중요한 결정요인 중 하나입니다. 예를 들어 대중교통인 버스, 지하철 등에서 '노인에게 자리를 양보(행동)'하는 것은 어른을 공경하는 유교적 문화권에 있는 우리나라와 그렇지 않은 다른 나라 국민들의 행동을 구분하는 것으로 설명할 수 있습니다. 6) 인식된 사회 규범이 있습니다. 말 그대로 사회의 구성원으로 지켜야 할 규정에 대한 인식의 정도인 셈이죠. 예를 들면, 버스 정류장, 택시 승강장, 마트 계산대 등에서 우리는 순서대로 줄을 서서 기다립니다. 순서대로 일을 처리하는 것의 효과성과 별개로 줄을 서서 충돌을 방지하는 사회적 규범이 우리의 행동을 설명하는 것이죠. 7)'인식된 자기 효능'입니다. 조금 어렵게 느껴질 수 있는 개념입니다. 쉽게 말해 '자신의 능력에 대해 본인이 갖는 평가'를 의미합니다. 캐나다의 심리학자 알버트 반두라(Albert Bandura)에 의해 소개된 개념으로 인간의 행동에 관한 많은 연구에 소개된 유명한 개념입니다. 예를 들어 담배를 피는 흡연자가 담배를 단번에 끊을 것인가, 담배를 서서히 줄일 것인가를 결정하는 것에 자기 효능감이 영향을 미칩니다. 자기 효능감에 따라 목표 수립과 이에 따른 행동이 달라지는 것입니다. 8) 종교의 영역입니다. 굳이 예를 들지 않아도 우리의 행동중 상당수가 종교적 믿음, 가치에 의해 이루어지고 있음을 독자 여 러분은 충분히 이해할 것이라 생각합니다. 9) 자원의 가용성입니다. 우리의 행동이 생각보다 간단한 경우가 있습니다. 바로 행동에 필요한 여건이 조성되어 있느냐 하는 것입니다. 횡단보도가 없는 이면도로에서 자동차와 보행자의 뒤엉킴과 빈번한 사고 문제는 횡단 보도를 만드는 것으로 행동이 일어나게 할 수 있습니다. 10) '행동에 대한 개인 고유의 신호'가 있습니다. 폐암 사망의 가족력이 있는 사람이라면 왠만하면 금연을 실천할 가능성이 높겠죠. 우리 각자는 특정 행동을 하도록(하지 않도록) 도와주는 기억 등의 단서들이 있습니다.

10가지 정도의 행동 변화 결정 요인을 설명드렸습니다. 좀 어려운 개념들이 있기도 합니다. 우리의 행동이 이렇게 복잡한 원인들에 의한 결과임을 새삼 느끼게 됩니다. 이보다 훨씬 많은 결정 요인들이 있다는 것 잊지 마시기 바랍니다. 학습과 교육, 사랑, 성공, 심리적 위안, 사회적 위치, 쾌락 등 말이죠.

위와 같은 행동 결정 요인 분석은 결국 행동을 방해하는 장애 요인을 파악하는 것과 동일합니다. 기획자들이 행동 변화 장애 요인을 파악하기 위해서 양적, 질적 방법론을 활용한 리서치를 실시하는 것이 일반적입니다. 여러 가지 리서치 방법 중에서 장애 분석(Barrier Analysis)의 개념과 과정을 소개하여 이 단계에 대한 이해를 돕고자 합니다.

장애 분석은 타겟 집단이 행동을 채택하는 것을 방해하는 원인을 구분하는데 촛점을 두는 리서치 방법입니다. 사람들의(기획자가 의도하는) 행동 실천 여부에 영향을 미치는 장애, 동기를 구분하기 위해 질문을 던지는 방식입니다. 행동을 하고 있는 사람(doer), 하고 있지 않은 사람(Non-doer)을 구분하는 것에서 출발하는데요, 두 집단의 반응 차이로 장벽과 동기를 식별합니다. 장애 분석은 목표 집단의 상황을 구체화하고, 기획자가 '당연하게 생각하는 문제 인식'을 객관화하여 기획자가 상식적으로 믿거나 자의적으로 판단하는 오류를 예방합니다.

영어로는 doer/non-doer 분석이라고 합니다. 용어에서 직관적으로 이해되는 것처럼, 특정 행동을 하는 집단과 하지 않는 집단을 비교하여 행동 변화에 영향을 미치는 요인을 확인하는 방법입니다. 이 분석 방법은 다음과 같은 질문을 통해 수행합니다. 특정 행동의 인지된 결과 '행동을 통해 얻게 되는 이득은 무엇인가? 행동을 통해 얻게 되는 불이익은 무엇인가?', 자기 효능감 '특정 행동을 하도록 촉진하는 요인은 무엇인가? 행동을 어렵게 만드는 요인은 무엇인가?', 사회적 규범 '행동을 승인, 지지하는 존재는 누구인가? 행동을 승인하지 않거나 반대하는 존재는 누구인가?'(Middlestadt, Bhattacharyya, Rosenbaum, Fishbein & Shepherd, 1996). 행동의 인지된 결과, 자기 효능감, 사회적 규범 등은 질적 연구 방법의 특징으로 피설문자가 자유롭게 응답하도록 유도합니다. 여러 학자들의 연구에서 출발한 이 분석은 실무적으로 더 확대되어 사용되고 있습니다. 3가지로 국한된 것이 아니라 상황에 따라 다른 결정 요인을 응용할 수 있습니다. 위에서 제시했던 10가지 즉, 인식의 심각성과 민감성, 문화, 정책(기존 정책이 제시하고 있는 가이드라인) 등 주제를 활용하는 것이죠.

장애 분석의 과정은 다음과 같습니다. 1) 타겟 집단과 행동 정의: 기획자가 의도하는 행동 변화가 필요한 집단과 행동 그 자체를 정의합니다(이미 우리는 1, 2단계에서 진행하였습니다). 2) 실천자 구분 : 설문 대상에 해당하는 사람들 중에서 이미 행동을 실천하고 있는 사람(Doer)과 실천하고 있지 않는 사람(Non-Doer)을 구분하는 질문을 개발합니다. 예를 들어 '임산부석 양보'에 관한 사전 실천 경험에 대해 응답하는 간단한 질문으로 구별이 가능합니다. 3) 실천자/비실천자에 대한 방해 요인 분석 질문을 만들고 사전 테스트(pre-test)를 실시합니다. 사람들의 행동에 영향을 미치는 결정 요인을 선정하는데요, 제가 위에서 언급했던 10가지 혹은 그 이상의 범위에서 선정하고, 각 결정 요인별로 한가지, 혹은 두 가지의 질문을 작성합니다. 설문은 쉬운 표현으로 제시되어야 합니다. 그리고 소수의 집단을 선발하여 설문 작성에 문제가 없는지 모의 테스트를 하는 것이 좋습니다. 사전 모의 테스트 없이 본 설문에 들어갔다가 문제가 발견될 경우 전체 설문을 다시 수행해야 하는 낭비 요인을 제거할 수 있습니다. 4) 조사 과정을 설계하는 것입니다. 특정한 장소에서 실시가 필요한지(예. 지하철 역, 학교 등), 그리고 해당 장소에는 실천자, 비실천자를 구분하여 찾을 수 있는지, 조사를 수행할 수 있는 공간은 있는 지 등 세세한 사항을 점검해야 합니다. 조사의 대상, 목적에 따라 점검할 것이 다르기 때문에 꼼꼼히 살펴볼 필요가 있습니다. 어린이들을 대상으로 하는 조사라면 보호자의 동행 여부 점검, 조사 과정에서 어른들의 개입 여부 등을 고려할 필요가 있겠죠. 장소로의 이동이 용이하지 않은 노약자가 대상일 경우 교통편 등을 제공할 준비도 되어야 하겠습니다. 5) 데이터 수집입니다. 동일한 수의 실천자/비실천자에게 행동 결정 요인별 문항의 설문을 통해 얻은 반응을 축적합니다. 6) 데이터 분석입니다. 질적 방법론의 조사 결과는 일반적으로 2명의 연구자의 분석 차이를 줄이는 것이 신뢰도를 높이는 것입니다. 이를 코더 간 신뢰도(intercoder reliability)라고 합니다. 해당 문항의 답변을 비교하여 일치도를 확인하고, 각 연구자는 조사의 결과에 대한 입장, 생각을 설명해야 합니다. 마지막으로 7) 결과를 토대로 당초 기획자가 '변화해야 할 행동'에 대한 프레임워크에 활용하는 과정입니다. 데이터를 분석한 후 가장 중요하게 해결해야 할 결정 요인은 무엇인지를 판단하는 것입니다.

#Immunity Charm 사례의 장애요인 예시

목표 집단	기대하는 행동 변화 목표	행동변화를 막는 장애 요인 파악
예방 접종의 필요성에 대해 인식이 낮은 엄마	월령에 맞게 예방접종을 실시하고, 기록을 보관하게 하여 의료진에게 공유	홍보자료를 읽지 못하는 문맹, 접종의 중요성 인식 부족, 접종 일지 등 기록 보관 부족

장애 분석 방법은 여러 가지 장점 덕분에 실무적으로 많이 이용되고 있습니다. 양적, 질적 방법적 접근이 동시에 가능하여, 심층면접과 달리 비용이 적게 들어 다수의 설문을 할 수 있습니다. 특정한 한 가지 행동(예. 쓰레기 무단 투기)에 초점을 맞추기 때문에 조사와 분석이 다른 분석 방법보다 간단하고 명료한 측면이 있습니다.

하지만 기획자가 설계한 문항외의 다른 원인을 찾는 것에는 한계가 있을 수 있습니다. 그리고 일반화하기에 부족한 측면이 있습니다. 장애 분석 방법 뿐만 아니라 사실 완벽한 단일 조사 방법은 없겠죠. 기획자가 판단하여 여러 조사 방법을 병행하여 사용할 필요도 있습니다. 저는 조사와 관련해서 기획자가 2가지 중요한 마음가짐을 가져야 한다고 생각합니다. 첫째, 창의적으로 항목을 설계하기 위한 노력입니다. 둘째, 기획자는 행동 변화의 장애물을 파악하기 위해 조그만 인사이트도 집요하게 물고 늘어져야 합니다. 조사를 수행하다 보면, 분석 과정에서 캠페인의 단초가 될 만한 인사이트들이 무심결에 나오기도 합니다. 그 인사이트의 전후 관계, 영향 요인들을 계속 파고들어야 행동변화가 가능한 캠페인을 설계할 수 있습니다.

행동 변화 솔루션 설계

행동변화 캠페인 기획의 여섯 단계에서 중요하지 않은 과정이 없습니다만, 역시 대상의 행동 변화 설계는 핵심적 단계 중 하나입니다. 그만큼 가장 많은 지면을 할애할 생각입니다.

우선 이런 질문을 하게 됩니다. 왜 사람들은 쉽게 변화하지 않을까요? 최근에 유행한 표현 중에 '사람은 고쳐쓰는거 아니다'. '사람 바꿔서 쓰는거 아니다' 라는 것이 있죠. 사람들이 그만큼 변화를 싫어하는 본성을 가지고 있다는 걸로 이해합니다. 인간의 행동 변화에 관한 많은 연구들은 사람들이 기존 태도나 행동을 유지하려는 경향이 강하다는 것을 설명하고 있습니다. 변화는 사람들로 하여금 불확실성, 스트레스, 통제 상실의 감정을 가져옵니다(Stoffer 2002, Weeks, Roberts, Chonko & Jones, 2004). 행동 변화를 방해하는 요인들도 있을 수 있습니다. 후아니타 코블과 아델카 벤디(Juanita Coble & Adelka Vendl, 2016)는 행동 변화의 장애물을 극복하는 방법(Overcoming barriers to behavior chang)에서 방해 요인으로 공포, 게으름, 체념을 제시하고 있습니다. 행동 변화를 생각하거나 경험할 때 불편함을 느끼는 감정도 있습니다. 인간의 행동을 변화시킨다는 것은 만만한 일이 아닐 겁니다. 사람들은 기존 습관을 유지하려 하고, 그 안에서 편안함을 느낍니다. 우리의 속담처럼 새해에 세운 목표를 채 삼일이 되지도 않아 포기하게 되는 '작심 삼일'이라는 용어가 있을 정도입니다. 하물며 나 아닌 타인의 행동 변화를 이끌어 내는 것은 무척이나 어려운 일입니다. 행동 변화는 시간, 비용 등 많은 자원을 필요로 할 수도 있습니다.

구성원의 건강과 관련한 공중 보건 캠페인은 오랜 역사와 경험을 통한 자산이 있어, 행동 변화에 대한 동기 부여 요인, 장애 요인에 대한 연구가 많이 있습니다. 하지만 다양한 문제 인식에서 출발하는 공공 캠페인 영역에서 추구하는 행동 변화에 대한 긍정적, 부정적 요인에 대한 연구는 많지 않습니다. 그래서 마케팅 분야와 광고, 홍보의 커뮤니케이션 분야에서 소비자 행동 변화를 유도하기 위해 활용된 방법을 응용하여 정리해보았습니다. 총 11가지 방법을 소개해드립니다. 각각의 방법에 대해서 실제 실행된 공공 캠페인을 소개하여 독자 여러분의 이해를 높이겠습니다.

행동변화 솔루션 접근법

1. 위협 소구: 행동 변화를 하지 않을때 예측되는 부정적 결과를 강조하는 방법

위협소구는 심리학, 사회학 등에서 자주 등장하는 개념입니다. 마케팅 특히 광고 분야에서도 소비자에게 특정한 행동 변화를 유도하기 위해 흔히 사용해 왔습니다. 쉽게 떠오르는 캠페인들이 있죠? 금연 관련 캠페인입니다. 세계보건기구(WHO)가 권고하는 대표적 금연 정책으로 우리나라에서도 담뱃갑의 경고 그림과 문구가 2016년 12월부터 포장지 앞, 뒷면에 표시되고 있습니다. 폐암, 후두암 등 5종의 병변, 피부 노화, 간접 흡연 등 5종의 비병변 이미지가 흡연자들을 위협하는 소구 목적으로 이용되고 있습니다. 흔히 위협 소구는 행동 변화 유도 방법으로 가장 나쁜 방법일 수 있다고 전문가들은 말하기도 합니다. 위협 소구는 효과가 없다고 주장하는 더 부정적 견해도 있습니다. 하지만 잘 기획된 위협 소구는 행동 변화를 바꾸는 전통적 방법이기도 합니다. 어떤 점이 고려되어야 할까요? 오로지 두려움을 심어주려는 의도를 지양해야 합니다. 메시지를 전달하지 못할뿐만 아니라 오히려 반감을 불러일으키기도 합니다. 과장하지 않는것이 더 효과적입니다. 과장된 소구가 목표 집단에게 인식되면 신뢰성을 떨어뜨려 문제 행동의 변화에 대한 저항이 커질 수 있다고 합니다. 위험한 행동의 결과는 사실을 과장하지 말고 있는 그대로 보여주는 것이 목표집단과의 신뢰 형성에 도움이 됩니다. 의도한 행동을 바꾸도록 하는 것은 단순한 공포, 위협 그 이상의 것을 요구하기 때문에 더욱 그러합니다. 사례를 통해 설명하겠습니다.

세상에서 가장 위험한 거리 Most Dangerous Street

시카고에서는 매주 평균 40명의 사람들이 총상을 입는다고 합니다. 총기 사고가 많은 것도 문제이지만, 사람들이 이러한 사고에 익숙해지는 것이 더 큰 문제라 지각한 사람들이 있습니다. 미국 일리노이주 총기 폭력 반대위원회는 사람들에게 익숙해져 버린 총기 폭력의 위험성을 알릴 방법을 고민했는데요. 그것은 세상에서 가장 위험한 거리를 보여주는 것이었습니다. 1주일 동안 발생한 40명의 총상 피해자들을 한 거리에 모으면 어떻게 될까? 그래서 기획된 '세상에서 가장 위험한 거리'입니다. 시카고의 한 골목, 사람들이 지나가는 길에 빨간색의 빔(beam)이 나타납니다. 하나의 빔은, 골목길 벽에 투사된 것처럼, 총기 사고 피해자 1명을 의미합니다. 저 빔은 어떤 역할을 할까요? 보행자의 신체가 저 빔에 닿을 때마다, 총기 사고의 피해자 정보가 투사됩니다. 아래 오른쪽 이미지처럼, 빔이 몸에 닿자, 30세 남성이 3월 18일 9시 48분에 총상을 입었다는 정보가 제시됩니다. 시카고 도심 골목의 도로를 걷는 동안 설치된 야외 전시 공간은 피해자의 피해 날짜와 정보(나이, 성)를 알리는 것에 그치지 않습니다.

오디오를 통해 총기 피해자의 가족이 입은 상처와 사연을 육성을 직접 전합니다. '세상에서 가장 위험한 거리' 캠페인은 총기의 위험성에 대한 솔직하고 과장되지 않은 방식으로 피해자에 대한 통계와 사연을 전하는 위협 소구의 방법으로 총기 위험에 대한 인식, 행동 변화를 시도한 사례입니다.

자료: 캠페인 영상 캡처

- 기관명 : 일리노이주 총기 폭력 반대 위원회 Illinois Council Against Handgun Violence (미국)
- 기획사 : FCB
- 캠페인 시작 : 2019년 4월

2. 위협 소구 : 타인에게 미치는 부정적 결과를 보여주는 방법

위협 소구의 변형된 방법으로 개인의 행동이 다른 사람에게 미치는 부정적 결과를 보여주는 방법도 있습니다. 행동을 바꾸도록 하는 위협 소구가 자신에게 미치는 영향을 아는 것만으로는 행동이 바뀌도록 만들 수 없을지 모릅니다. 사실 이미 많은 사람들은 지인들로부터 조언과 충고, 광고 접촉과 같이 정보가 없는 것은 아니기 때문입니다. 그리고 그들의(바뀌지 않으면) 위험한 행동의 영향은 이미 알고 있는 경우가 많습니다. 이런 상황의 문제인 경우, 기획할 수 있는 방법은 다른 사람에게 미치는 부정적 결과를 보여주는 것입니다. 개인의 행동이 가져올 결과를 다른 사람을 통해 투영하는 것은 행동 변화의 동기 부여에 효과적인 방법입니다. 사례를 통해 설명하겠습니다.

재난 셀카에 열올리는 사람들의 태도를 바꾸다 #Trojan Billboard

독일에서는 사고 현장에서 구조 활동을 하는 사람들이 제 시간에 도착하지 못하여 목숨을 잃는 경우가 많다고 합니다. 소위 말하는 골든 타임을 놓치는 것이죠. 여러가지 이유가 있겠지만, 사고 현장에서 사진을 찍는 사람들에 의해 발생하는 방해 요인이 크다고 합니다. 사고 현장을 사진으로 찍어 자신들의 SNS 라이브로 올리는 일도 적지 않다 합니다. 독일의 행정안전부에 해당하는 정부 부처는 <어떻게 하면 사람들에게 그들이 하고 있는 것이 잘못된 행동임을 알릴수 있을까?> <어떻게 하면, 일부 사람들의 잘못된 행동을 보여주어 행동 변화를 요구할 수 있을까?> 에 대해 기획한 캠페인입니다. 사고 현장에 큰 옥외 광고판(빌보드)이 있습니다.

자료: 캠페인 영상 캡처

육안으로는 아무런 내용이 써있지 않습니다. 사고 현장을 찍기 위해 스마트폰 카메라를 들면, 스마트폰 화면에는 메시지가 나타납니다. 어떤 메시지가 보일까요? 아래 그림처럼, '타인과 무엇을 공유하고 싶다면, (사진이 아니라) 당신의 피를 기부하세요' '(SNS를 통한) 이모지를 보여줄 게 아니라, 실제 슬픔의 감정을 보여주세요'와 같은 자신의 행동을 돌아보게 하는 근본적 메시지 입니다. 사고 현장에 있었던 사람들이 이를 확산하고 공유하면서, 많은 사람들이 자신이 본 타인의 경험을 공유하고, 이러한 행동이 옳지 않다는 점을 자각합니다. 타인에게 미칠 부정적 결과를 위협적 소구의 방식으로 행동변화를 이끌어 낸 정부의 디지털 캠페인 사례입니다.

• 기관명 : 독일 내무부 German Federal Ministry of the Interior (독일)
• 기획사 : fischerApple
• 캠페인 시작 : 2018년 12월

3. 3자적 관찰을 통해 자각하게 하는 방법

이런 방법도 있습니다. 목표 집단에 대해 개인 행동의 결과가 아닌 3자적 관점에서 관찰을 통해 행동 변화의 자각을 요구하는 것입니다. 일종의 관찰입니다. 우리의 삶을 되돌아보게 하고, 내가 바꾸어야 할 행동의 변화를 상징하여 설명합니다. 다음은 통찰력있는 관찰 캠페인 사례입니다.

다양성을 지각하는 피부색에 관한 창의적 실험 The Skin color experimen

어린이들은 어른들의 자화상이란 표현은 많이 하죠. 어른들이 만든 세상의 인식을 고스란히 받아들이는 경우가 많습니다. 어른들은 어린이들이 그러한 인식을 갖고 있을때 즐거워하기도, 놀라워하기도, 충격에 빠지기도 하죠.

이 캠페인은 충격에 빠질만한 일입니다. 벨기에의 학교 연합체인 Samen Onderwijs Maken의 충격적 실험입니다. 벨기에의 학교는 많은 인종으로 점점 다양해지고 있습니다. 학생들에게 색연필을 주고 색칠에 대한 가이드를 제공합니다. 티셔츠는 초록색(green), 머리는 오렌지색(orange)을 칠하게 합니다. 얼굴은 피부색(skin color)을 지정하여 색칠하게 합니다. 놀라운 일이 벌어지죠. 다양한 피부색을 가지고 있는 어린이들이 살색

자료: 캠페인 영상 캡쳐

(light pink)의 연필을 선택합니다. 자신의 피부색과 다른 색임에도 살색(light pink)을 선택한 아이들에게 묻습니다. 아이들은 명확한 답을 하지 못합니다. 이번에는 자신의 피부색과 같은 색으로 얼굴을 칠하게 합니다. 그리고 두 그림을 비교하게 하죠. 여러분은 아이들이 다른 색상을 칠한 두 그림의 차이를 보고 어떤 생각을 하시나요? 어린 아이들이 스스로 인종차별에 대해 무감각하게 받아들이는 사실을 보며 많은 이들이 SNS를 통해 자신들의 인식과 행동의 변화에 동참합니다.

• 기관명 : 벨기에 학교 연합체 Samen Onderwijs Maken (벨기에)
• 기획사 : TBWA
• 캠페인 시작 : 2019년 3월

4. 유명 인사 이용하는 방법

커뮤니케이션 기획자에게 '유명인을 활용'하는 기획은 늘 유혹에 가깝습니다. TV, 신문 등 매스미디어를 활용한 광고에서 영화배우, 스포츠 스타 등 빅모델 활용은 제품을 알리고 매출을 높이는 대표적 전략 중 하나였습니다. 디지털 미디어의 시대에 등장한 유튜브 크리에이터 등 새로운 유형의 셀럽들도 디지털 캠페인에 자주 등장하곤 합니다. 공공기관의 디지털 홍보 콘텐츠를 살펴보면 유명인을 자주 활용하고 있다는 사실이 확인됩니다. 유명인을 이용하

자료: 캠페인 영상 캡쳐

는 방법도 과거 매스미디어 시대와 비교할 때 변화하고 있습니다. 과거 유명인의 활용은 명성이 있는 사람이 등장하여 알리는 그 자체에 큰 의미가 있었습니다만, 행동변화 캠페인에서는 유명인의 등장만으로 목표한 행동 변화를 이끌어낼 수 없습니다. 가장 우선할 것은 캠페인이 추구하는 행동변화 솔루션과 관련성이 있는 유명인을 선택하는 것입니다. 기획자가 전하는 메시지를 진정으로 믿는 사람을 의미합니다. 인기가 많다고 해서 컨셉에 대한 깊은 고민없이 선택한 유명인이 캠페인에 참여할 때, 콘텐츠의 효과는 높을 수 있어도 행동변화를 이끌기는 어렵습니다. 사례를 통해 설명하겠습니다.

암과 싸우는 아이들과 인플루언서들이 인스타그램 라이브를 공유하다 #LifeStreams

세계 암의 날! 세계 많은 환자들이 암과 싸우고 있습니다. <페루 암재단>은 어린 암환자들을 돌보고 있습니다.

이들의 치료를 위해서는 더 많은 후원과 관심이 필요할텐데요. 안타깝게도, 이들의 이야기를 들어줄 미디어들이 많지 않았습니다. 그들의 활동을 지지하고 실질적으로 '후원 참여'의 행동 변화를 위해 페루의 인플루언서들이 모였습니다. 인플루언서들은 기꺼이 그들의 인스타그램 계정을 공유합니다. 바로 인스타그램의 라이브 방송 'Go live with a friend' 기능을 통해서입니다. 인플루언서와 재단에서 치료를 받고 있는 어린이가 함께 인스타그램에 등장합니다. 화면이 윗부분은 인플루언서, 아래 부분은 어린이로 구성된 더블 스트리밍입니다. 팔로워수가 많은 인플루언서의 채널에서 어린이가 사람들에게 말을 건넵니다. 팔로워수를 보시죠, 수십만명, 백만명이 넘는 팔로워를 확보하고 있는 인플루언서의 인스타그램 계정에서 아이들이 말합니다. '오늘이 바로 국제 암의 날입니다. 전 2년전 암진단을 받았습니다' 라는 메시지를 전합니다. 또 다른 어린이가 말합니다. '당신의 도움이 필요해요. 팔로워들 당신들 덕분에 난 곧 회복될 거에요'. 이 캠페인은 불과 24시간만에 광고비 집행 1원도 없이, 5천1백만 달러 가치에 해당하는 미디어 노출을 획득합니다. <암재단> 상담 건수는 캠페인 전에 비해 1,228% 이상 증가했습니다. 기부자의 수는 10배 증가했고, 캠페인 하루만에 모인 기부액이 지난 6개월의 금액과 유사할 정도의 놀라운 성과를 보였습니다. 인플루언서와의 협업이 사람들의 행동 변화를 이끌 수 있음을 보여주고 있습니다.

• 기관명 : 페루 암재단 Peruvian Cancer Foundation (페루)
• 기획사 : Wunderman
• 캠페인 시작 : 2019년 4월

5. 개인에게 책임을 부여하는 방법

　종종 태도변화를 위한 동기 부여가 목표 청중에 대해 도전을 제시하는 형태인 경우가 있습니다. 이를테면 쓰레기 투기, 음주 등 하지 말아야 할 행동을 강조하는 방식으로 요구하는 것입니다. 하지만 '해서는 안되는 것'을 지속적으로 말하는 대신, '할 수 있는 것을 전달하여 더 힘있는 메시지'로 만들 수 있습니다. 대표적인 방법이 책임감을 부여하는 것입니다. 책임감을 부여하는 것은 이미 벌어지고 있는 문제에 촛점을 맞추는 것이 아닌(즉, 쓰레기 투기로 인한 심각성, 음주 후 고성방가의 피해), 명확한 행동을 구체화하고 사람들에게 행동에 나서도록 설득하는 방식이기 때문에 더 효과적일 수 있습니다. 캠페인의 효과성을 높이기 위해서는 목표 청중에게 부정적 행동을 하지 않도록 도전할 수 있는 능력과 동기를 부여해야 합니다. 그리고 행동 요구를 구체적이고 쉽게 설명해서 단순한 변화를 실천하도록 유도합니다. 마지막으로 행동 변화가 가져올 수 있는 긍정적 변화에 대한 대의명분을 설명하고 그들의 동참을 상징화할 수 있는 도구를 제공하는 것도 고려해 볼 만합니다. 사례를 통해 개인적 책임 부여를 통한 행동변화 유도의 개념을 이해해 볼까요?

내가 팔라우에 남길 것은 물에 씻겨나갈 발자국 뿐이다 Palau Pledge

　휴양지로 널리 알려진 팔라우에서 진행한 캠페인을 소개합니다. 면적 458제곱 킬로미터의 영토에, 인구 약 2만 명이 거주하는 팔라우는 주민보다 8배나 많은 외국 관광객으로 인한 환경 피해가 심각하게 우려되고 있었습니다. 연 평균 16만 명의 관광객은 야생생물을 만지거나, 불법 수렵, 쓰레기 버리기, 산호초 파괴, 동물에게 주지 말아야 할 음식을 먹는 등 팔라우 환경에 위협적인 존재가 되고 있었습니다. 그렇다고 해서 관광객을 무조건 배척할 수는 없겠죠. 야생동물과 환경을 보호하는 것과 동시에 팔라우만의 특화된 관광 자원을 지속가능하게 만들어야 하는 목적도 유지해야 합니다. 주민보다 8배나 많은 관광객. 이들에게 안내 표지를 통한 홍보, 감시를 통한 행동 변화를 유도하기에는 역부족이었습니다. 어떻게 하면 자발적인 참여를 이끌어 낼 묘수가 있을까요? 그들은 팔라우를 방문하는 모든 방문객들이 양심적 소비와 비파괴적 행동 원칙을 선언하는 팔라우 서약을 만들었습니다. 이 캠페인은 팔라우에 착륙하는

자료: 캠페인 영상 캡쳐

모든 비행기에 상영되는 기내 영상으로부터 출발합니다. 부정적 관점에서 관광객을 바라보기보다는, 능동적, 적극적으로 그들의 행동 변화를 유도하는 방식이었습니다. 입국하는 관광객에는 여권이 필요합니다. 그들의 여권에는 한국어를 포함한 세계 여러 언어로 팔라우 서약이 마치 입국을 허용하는 비자처럼 도장으로 찍혀 남게 되었습니다. 세계 유력 언론들이 팔라우의 캠페인을 소개했고, 캠페인 영상은 17억 이상의 사람들에게 도달했습니다. 배우 겸 활동가인 레오나르도 디카프리오, 존 케리 전 미국 국무장관, 환경보호론자인 실비아 얼을 포함한 유명 인플루언서들에 의해 지지를 받았습니다.

• 기관명 : 팔라우 보존 프로젝트 Palau Legacy Project (호주)

• 기획사 : Havas

• 캠페인 시작 : 2017년 12월

6. 목표 집단에 영향을 미칠 수 있는 관계인을 활용하는 방법

행동 변화 캠페인은 말 그대로 '목표 집단을 대상으로 기획자가 의도한 행동 변화를 이끌어내는' 것을 의미합니다. 캠페인이 의도하는 행동 변화의 주체가 되는 '목표 집단'이 대체로 캠페인의 청중인 경우가 많지만, 그렇지 않을 수도 있습니다. 행동변화를 유도하는 6번째 방법은 '타깃 집단'이 아닌 관계인을 활용하는 것입니다. 실제 행동 변화의 대상이 되는 '타깃 집단'과 캠페인 커뮤니케이션의 '청중'이 다른 경우가 있습니다. 직접적으로 '목표 집단'에게 행동 변화를 요구하는 것 보다 이들에게 긍정적 영향을 주는 관계인을 활용하는 것입니다. 혹시 독자 여러분은 이런 접근 방식이 활용된 캠페인 사례가 떠오르나요? '재활용 쓰레기 분리 수거'의 캠페인을 기획할 때, '행동변화가 필요한 잘 어기는 어른'에게 호소하지 않고 '그들의 어린 자녀'를 커뮤니케이션의 대상으로 하여 메시지를 기획하는 사례가 있죠. 그렇다면 어떤 관계인을 커뮤니케이션 청중으로 설정하는 것이 효과적일까요? 가장 일반적으로 활용되는 관계인은 가족입니다. 하지만 캠페인이 추구하는 '목표 집단'을 자세히 살펴보면 이들에게 영향을 줄 수 있는 관계인은 훨씬 더 다양합니다. 지역 기반의 '태권도 관장님' 이거나, '학교 친구', '지역 종교의 성직자' 등 말입니다. 행동 변화의 대상이 부모이고, 관계인인 자식을 커뮤니케이션 청중으로 기획한 캠페인을 소개합니다.

아버지를 구하라 #Save Your Father's Day

덴마크에서는 매년 30,000명 이상의 남자들이, 평균 수명보다 빠른 죽음을 맞이한다고 합니다. 암과 관련한 사회단체인 Danish Cancer Society는 암과 관련한 특정 증상을 발견할 때, 즉시 병원을 찾아가서 진료를 받을 것을 권유합니다. 하지만, 목표 집단인 당사자들은 그들의 메시지에 둔감합니다. 그들에게 어떻게 하면 이 메시지를 전할 수 있을까요? 캠페인 기획자들의 목소리에 귀 기울이지 않는 그들! 누구의 말에 귀를 기울일까요? 네 바로 그들의 아이들입니다. 아버지의 날(Father's Day)에, 아버지를 둔 덴마크의 모든 젊은이들이 초대받게 됩니다. 바로 특별히 제작된 카드를 통해서이죠. 이 카드에,

자녀들은 자신들의 부모가 (죽고) 없다는 가정의 상황에서 어떻게 살아갈 수 있을지를 작성하게 합니다. 부모에게 감동의 메시지를 전하고, 동시에 부모들에게 7가지 암의 주요 증상을 발견할 때 병원을 방문할 것을 설명한 내용이 담겨 있습니다. 이 카드는 캠페인을 위해 기획된 온라인 마이크로사이트뿐만 아니라, 오프라인 매장을 통해서도 배포되었습니다. 편지를 써야 할 자녀들을 목표로 특별한 영상이 제작되었습니다. 자신들의 기억 속에 있

자료: 캠페인 영상 캡처

는 부모님이 사라졌을 경우를 드라마처럼 감동적으로 설명한 캠페인 영상은 많은 자녀들의 참여를 이끌어 내게 됩니다. 타깃 그룹의 80%에 도달된 이 캠페인은 온라인 상의 효과는 말할 것도 없고, 실제 44,000장의 오프라인 카드가 이용되었다고 합니다. 메시지 카드를 다운로드 할 수 있는 캠페인 마이크로사이트의 접속은 2,050% 증가되었습니다.

- 기관명 : 덴마크 암 예방 단체 Danish Cancer Society (덴마크)
- 기획사 : Robert / Boisen & Like-minded
- 캠페인 시작 : 2018년 6월

7. 주목을 높이는 게릴라 마케팅을 활용하는 방법

TV, 신문 등의 전통 미디어 기반의 마케팅 시대에서 디지털 마케팅 시대로 넘어오면서 '금액 볼륨의 점유' 경쟁이 종말을 고하고 있습니다. 디지털 마케팅에서는 비용 규모가 적어도 우수한 기획만 뒷받침되면 더 많은 주목을 받을 수 있습니다. 하지만 디지털 미디어 환경에서 일반 소비자들은 너무 많은 콘텐츠를 접하게 됩니다. 공공캠페인 역시 포괄적으로 보면, 하나의 콘텐츠라는 차원으로 보자면, 소비자들의 선택을 받아야 하는 극심한 경쟁 환경에 있는 것이죠. 즉 기획자는 자신의 캠페인이 다른 콘텐츠에 묻혀 버릴 것 같은 느낌을 자주 받게 됩니다. 그래서 목표 청중들을 사로 잡을 수 있는 방법이 필요합니다. 흔히 말하는 게릴라 마케팅은 정형화되지 않은 다양한 방식의 마케팅 전술을 포괄하여 설명합니다. 콘텐츠 경쟁을 뚫고 목표 집단의 행동 변화를 요구하는 공공 캠페인은 동기 부여를 위해 강력한 메시지 전달 방법이 필요합니다. 이러한 전달 방법이야 말로 목표 집단의 기억 속에 남기 때문입니다. 게릴라 마케팅의 방법은 다양한데요, 독특한 미디어를 선택해 접근하는 방법, 콘텐츠 확산의 차별적 방법, 오프라인 이벤트 등의 방식이 주로 이용됩니다. 사례를 통해 더 쉽게 설명하겠습니다.

횡단보도를 무시하는 운전자를 막아서는 유쾌한 방법 The Crossing Fence

캐나다 퀘벡에서 있었던 유쾌한 캠페인을 소개합니다. 사실 저는 디지털 기술을 활용하여 커뮤니케이션에 적용하는 온라인 디지털 공공 커뮤니케이션에 관심이 많은데요. 사실 온오프라인의 경계란 것이 모호하죠. 오프라인 중심의 캠페인이 SNS를 통해 확산되어 큰 효과를 거두는 경우도 많습니다. 많은 차들이 오가는 대로가 아닌, 주택가나 골목에 있는 뒷길은 교통 법규가 엄격하게 지켜지지 않는 경우가 있죠. 차량, 보행자 양

쪽 모두 무질서 속에서 적당히 편의를 취하는 경우가 많습니다. 하지만 이런 좁은 길에서도 쌩쌩~ 달리는 차량들이 있고, 보행자에겐 그 속도만큼 비례해서 위험

성도 커지죠. 뒷길에서 운전자들의 서행에 관한 행동 변화를 요구하는 게릴라 마케팅 성격의 공공 캠페인입니다. 횡단보도 앞에서 속도를 줄이지 않고 그냥 지나치려는 차량이 있습니다. 노란색의 횡단보도가 보이네요. 차량이 접근하는데 바닥에 있는 노란색 횡단보

자료: 캠페인 영상 캡처

도가 움직여 차량을 막는 펜스가 됩니다. 달리던 차량들은 깜짝 놀라게 되죠. 사실은 보행자도 갑자기 나타난 노란색 펜스에 놀랍니다. 어쨌든 안전하게 걷는 보행자의 미소를 보니 유쾌함이 느껴집니다. 노란색 펜스 중 한 곳에 왜 차를 세웠는지 설명하는 문구가 있습니다. '횡단보도는 보행자를 보호한다.', '멈추어줘서 고맙다'는 내용이네요.

- 기관명 : 퀘백주 자동차 보험 협회 Societe de l'assurance automobile du Quebec (캐나다)
- 기획사 : Lg2
- 캠페인 시작 : 2019년 12월

세계 물의 날! 물이 말라버린 호수의 상황을 유리잔에 그대로 옮기다 Glass of Drought

물 부족 이슈는 전 세계 대부분의 국가가 가진 고민거리일 겁니다. 물 부족과 관련한 많은 캠페인 중에 오프라인 이벤트와 연계, 특정 기념일을 겨냥한 게릴라 캠페인을 소개합니다. 터키 역시 물부족에 대한 고민이 큰 모양입니다. 물 부족의 심각성을 절실히 보여주는 실례로 주요 물 공급원인 호수들의 수위가 낮아지고 있었다고 합니다. 대표적인 5개 호수(Seyfe, Suğla, Ilgın, Karataş and Burdur Lakes)의 지형을 연구하였고, 메말라 버린 호수의 지형 단면을 엑스선 촬영의 결과처럼 그대로 보여주는 유리잔을 만들었습니다. 상상이 잘 안되시죠? 아래 그림을 보시면 금방 이해가 될 겁니다. 유리잔의 모양이 각기 다르죠. 어떤 잔은 물이 정말 조금밖에 담기지 않고, 어떤 잔은 좀 나은 경우도 있습니다. 호수마다 다른 물의 양, 즉 메마름의 차이를 보여주는 것이죠. 창의가 가득한 놀라운 컨셉입니다만, 이 정도에서 그친다면 좀 아쉽죠. 행동변화를 요구하는 캠페인은 지속성, 화제성 등이 필요한데요. 기획자들은 사실, 3월 22일 세계 물의 날을 노렸습니다. 물부족 이슈가 가장 심도있게 논의되는 날이지만 사실 주목

받기가 어려운 것도 사실입니다. 물의 날과 같은 날, 터키의 큰 경제 포럼 <Uludağ Economical Forum>이 개최되었습니다. 기획자는 이 포럼 행사를 노렸습니다. 행사장에 가보면 발제, 토론자들이 쓰는 유리잔이 있죠. 이 기획자들은 기존의 유리잔을 <호수 유리잔>으로 바꿔버렸습니다. 정부 고위 관계자, 저명한 경제학자, 기업의 CEO, 언론 등 2,200명의 저명 인사들에게 메시지를 전할 수 있기 때문이죠.

자료: 캠페인 영상 캡쳐

일종의 이벤트 해킹, 즉 게릴라 마케팅인데요. 아마 이 잔을 보게 된 사람들은 분노나 혹은 당혹감 보다는 물부족의 심각성을 제대로 인지하게 되지 않았을까요? 이 캠페인은 광고비 집행없이 6백만 달러 이상의 자발적 미디어(earned media) 노출 효과를 획득하였다고 합니다.

• 기관명 : 피니쉬 Finish
• 기획사 : Havas
• 캠페인 시작 : 2019년 4월

8. 커뮤니티의 힘을 활용하는 방법

행동 변화 캠페인이 변화하려는 타깃 집단은 개은으로 구성되어 있습니다. 일정한 그루핑에 의해 집단화로 묘사되는 것이죠. 행동 변화 캠페인은 개인을 대상으로 하는 설득 커뮤니케이션의 연속입니다. 행동 변화를 설계함에 있어 절대 간과하지 말아야 할 솔루션이 바로 지역사회(커뮤니티)입니다. 지역 사회의 영향에 대한 명확한 증거가 있는 것은 아니지만, 캠페인의 목적에 따라서는 지역사회는 정보의 보급, 습득을 지원하고 독려할 수 있으며, 긍정적인 사회 규범을 강화하고, 신뢰할 수 있는 관계를 통해 개인을 참여시키고 교육하는데 중요한 역할을 하는 것은 분명합니다. 특히 개인의 힘만으로 행동 변화를 달성하는 것은 한계가 있고, 이 한계의 원인이 지역사회에 있다면 더욱 그러합니다. 대표적인 것이 규범, 관습과 연관된 것들입니다. 개인 단독으로 규범에 뿌리를 둔 문제를 개선하기 어렵습니다. 기존의 규범, 관습을 바꾸는 것에 대한 집단적 노력이 필요한 경우 커뮤니티는 중요한 역할을 하게 됩니다. 지역 사회가 개입할 경우 주요 이해관계자는 지역 관공서, 종교 지도자 등 영향력이 있는 사람이기도 하고, 일반적인 지역 구성원 등일 수도 있습니다. 사례를 통해 살펴볼까요.

불경으로 뎅기열을 물리치다 Life Chant

스리랑카의 가장 큰 도시인 콜롬보에는 50% 이상의 시민들이 흔히 말하는 슬럼에 거주한다고 합니다. 열악한 주거 환경은 거주민들의 삶을 여러모로 위협할 수 있습니다. 대표적인 것이 풍토병인데요. 모기에 의해 옮겨지는 뎅기열은, 치명적인 병으로 알려져 있습니다. 예방하는 방법은 모기에게 물리지 않아야 하는데, 그래서 모기가 잘 자라는 환경인 물웅덩이를 없애는 것이 중요하다고 합니다. 콜롬보

지방 정부도 주거 환경 개
선을 위해 노력하지만, 행
정의 힘만으로는 부족함을
느낍니다. 뎅기열의 위험과
예방에 대해 알리는 것이
필요했고, 주민들이 물웅덩
이를 없애는 등 자발적 주
거 환경 개선을 위한 행동
변화가 필요했던 것이죠.
기획자는 이들에게 가장 효
과적일 방법인 지역 사회
특히 종교에서 그 답을 찾

자료: 캠페인 영상 캡쳐

았습니다. 콜롬보 슬럼가 거주 주민들은 불교 신자가 다수이고 종교
지도자의 권위를 따른다고 합니다. 종교가 생활화 되어 있는 만큼, 불
경을 활용한 캠페인을 기획합니다. 뎅기열의 위험성과 예방 방법을
불경으로 만들어 사찰의 스님들이 전파합니다. 지역 사회 곳곳에 위
치한 사찰에서 큰 스피커를 통해 이 불경을 확산했고, 뎅기열이 가장
활발한 낮시간대에는 지역 라디오 방송도 활용되었습니다.

・기관명 : 콜롬보 지방 정부 Colombo Municipal Council (스리랑카)
・기획사 : Triad
・캠페인 시작 : April 2019

9. 대화에 참여시키는 방법

소셜미디어의 등장은 사회 여러 차원에서 많은 의미를 가지고 있
는데요, 마케팅 측면에서 보면 가장 두드러지는 2가지 특징이 있습니
다. 첫째, 미디어 소비자였던 평범한 사람들이 스스로 미디어 생산자

가 되었다는 것과 둘째, 매스미디어를 통한 광고에 비해 타겟 집단을 선별하는 것이 용이해 졌다는 것입니다. 어쨌든 이용자가 증가하면서 기업의 마케팅에서 소셜미디어 활용도가 높아졌고 그 결과도 기업에 상당한 효과를 제공하고 있습니다. 공공 캠페인의 영역도 이 점에서 유사하다고 할 수 있습니다. 무엇보다 소셜미디어는 긍정적인 행동 채택에 대한 일반인의 인식과 참여도를 높이는데 활용되고 있습니다. 매스미디어를 이용한 공공 캠페인이 메시지를 전달하는데 그쳤다면, 소셜미디어는 미디어 생산자가 된 일반인들이 즉각 메시지를 이용하여 확산할 수 있게 된 것입니다. 한 사람이 공유한 게시물은 팔로워 모두에게 노출되고 기존의 '캠페인 기획자와 개인의 일대일 구조'가 '기획자 - 공유자 - 팔로워'의 네크워크를 통해 순식간에 수천, 수백만의 사람들에게 도달하고 동참을 권유할 수 있게 된 것입니다. 디지털 커뮤니케이션 시대를 불러온 소셜미디어가 공공 캠페인에서 행동 변화를 유발하는 동인이 된 것입니다. 사례를 통해 소셜미디어를 통한 대화 참여가 집단적 행동 변화를 불러왔는지 보겠습니다.

프랑스 만우절의 아이디어를 해킹한 환경 캠페인 #AprilPollution

4월 1일 우리에겐 만우절로 알려진 날입니다. 프랑스에서는 상대방 모르게 상대의 등에 종이로 만든 물고기를 걸어두는 문화가 있다고 합니다. 프랑스어로는 «Poisson d'avril», 영어로는 April Fish 라고 한다네요. 물고기를 상대방의 등에 몰래 붙이는 만우절의 문화를 적용한 환경 캠페인입니다. 오늘날 환경오염 탓에 물고기의 생존이 정말 위협받고 있죠. 플래스틱 쓰레기가 물고기의 위 내부에서 발견되었다는 뉴스를 접하는 것이 흔할 정도입니다. 2050년이면 플래스틱 쓰레기가 물고기 보다 더 많을 거라는 우울한 전망도 있습니다. 환경 파괴로 죽어가는 물고기의 문제는 만우절의 농담처럼 그냥 지나갈 수 만은 없는 상황입니다. Sea Shepherd는 사람들의 등에 '인간이 사

용하고 버리는 플라스틱'을
등에 매달고, 우리 스스로
에게 행동 변화를 요구하는
캠페인을 시작합니다. 자신
의 등에 플라스틱을 붙인
자발적 참여자들은 '기획자
가 만든 영상을 공유(I viral
video as a call to action)',
'캠페인 해시태그를 적용
하여 동참(I provocative
hashtag to make a state-
ment)' 등의 방식으로 확산
해 나갑니다. 다른 미디어
를 이용한 별도의 커뮤니케
이션 없이, 순수하게 SNS
만으로 시작된 이 캠페인은
'동일한 대의'에 공감한 사

자료: 캠페인 영상 캡처

람들의 '자발적인 연대'를 통해 불특정다수의 행동 변화를 요구하는
메시지에 참여할 수 있는 사례를 보여줍니다. 성공적 캠페인이 대부
분 그러하듯 1500 유로의 적은 예산으로 3천 만명 이상의 사람들에
게 노출되었습니다.

• 기관명 : 시 쉐퍼드 Sea Shepherd (프랑스)
• 기획사 : Azilis
• 캠페인 시작 : 2019년 10월

10. 구체적인 인센티브를 제공하는 방법

독자 여러분은 여러분의 행하는 행동에 영향을 미치는 힘에 대해 생각해 본적이 있습니까? 아침 일찍 침대에 더 머무르고 싶은 유혹을 물리치고 조깅을 나서는 독자가 있다면, 그것은 아침의 운동이 건강에 좋은 것을 알기 때문일까요? 아니면 스스로 혹은 타인으로부터 오는 외적 보상 때문일까요? 사람들이 하는 행동은 내적 욕망과 소망 때문이기도 하지만, 외부의 보상에 대한 욕구에 의해 진행되기도 합니다. 동기부여에 관한 이론에 따르면 행동은 종종 외부의 강화를 얻고자 하는 욕망에서 비롯된다고 합니다. 인센티브는 인간의 행동에 대한 동기를 설명하는 데 자주 이용됩니다. 독자 여러분은 보상이 행동에 직접적으로 미치는 여러 상황들을 떠올릴 수 있을 것입니다. 학창 시절 학습 활동은 좋은 점수를 얻기 위함이고, 직장에서 열심히 일하는 것은 승진이나, 보너스와 같은 인센티브의 추구에 있을 수 있습니다. 즉 행동은 노력의 대가로 무언가를 얻으려는 동기에 영향을 받는 다는 점입니다.

행동 변화 캠페인이 추구하는 '행동' 역시 이 관점에서 고려될 수 있습니다. 인센티브는 기획자가 의도하는 행동 변화를 설계하는 중요한 솔루션이 될 수 있습니다. 물론 기획시에 유의해야 합니다. 첫째, 보상을 얻을 수 있을 만큼의 동기가 부여되어야 합니다. 요구되는 행동 변화의 수준이 너무 높다면 의도한 목표를 달성하기 어렵습니다. 그리고 행동 변화의 목표 집단이 '보상을 중요하게 여기는 경우'에만 효과적이라는 측면도 간과해서는 안됩니다.

인센티브가 개인의 행동 변화에 미친 사례를 통해 좀 더 이해를 도와드리겠습니다.

지하철의 무임탑승을 예방하는 운동화 Bahn Shoe (Ticket shoes)

　베를린 지하철을 관리하는 베를린 교통공사(BVG)는 지역 주민의 3분의 1이 입장권 없이 지하철을 이용하는 문제로 골머리를 앓았다고 합니다. 특히 젊은 층의 무임승차가 문제였는데요. BVG는 출범 90주년을 맞아 독일의 글로벌 스포츠 브랜드 아디다스와 공동 협업으로 페널티를 주는 방식이 아닌 인센티브를 제공하여 행동 변화를 이끄는 창의적 캠페인을 진행했는데요. 그것은 바로 승차권이 내장된 운동화(Shoe Bahn)입니다. 한정판으로 500컬레만 제작된 이 운동화는 EQT Support 93/Berlin으로 명명되었고, 베를린 지하철의 좌석 색상인 흰색, 빨간색, 파란색, 검은색이 적용된 디자인으로 디테일을 더했습니다. 1컬레의 가격은 180유로인데요, BVG가 판매하는 연간 티켓 가격 761 유로에 비해 운동화가 훨씬 저렴했습니다. 1/4 수준의 저렴한 가격, 최고의 스포츠 브랜드인 아디다스의 500컬레 한정판 이라는 매력은 사람들에게 큰 인센티브로 작용했습니다. 수백 명의 사람들이 운동화를 구입하기 위해 며칠 밤을 세워가며 줄을 섰습니다. 모두 긍정적 결과로 연결된 것은 아닙니다. 운동화 구매에 성공한 사람들이 이를 온라인에 되팔기도 했고 어떤 이들은 집에서 보관하는 용도로 쓰기도 했습니다. 하지만 대부분의 사람들이

자료: 캠페인 영상 캡처

지하철을 이용하는데 썼다고 합니다. 지하철 공사와 민간 기업의 독특한 협업을 통해 무임 탑승에 대한 경각심을 높이고 행동 변화의 길을 열어준 독특한 캠페인이었습니다.

• 기관명 : 베를린 지하철 공사 Berliner Verkehrsbetriebe (독일)
• 기획사 : Jung Von Matt, Hamburg
• 캠페인 시작 : 2018년 1월

11. 사용되는 환경을 바꾸는 방법

공공 캠페인을 기획하다 보면, 특정한 행동을 제약할 필요가 있는 경우가 있습니다. 깊이 생각할 것도 없이 금새 떠오릅니다. 금연 구역에서도 흡연을 하는 사람들에게 금연을 유도하는 것 같은 것이죠. 많은 공공 캠페인들이 의외로 쉬운 방법이 있음에도 불구하고, 의도한 목표를 달성하는데 어려움을 겪습니다. 저는 그것이 행동 변화를 지향하는 출발선에 있지 않기 때문이라고 생각합니다. 사람들에게 금지해야 하는 이유를 설명하거나, 타인에게 미치는 피해를 설명하는데 촛점을 두는 경우가 많습니다. 행동 변화를 목표로 하는 공공 캠페인의 경우라면 행동이 바뀔 수 있게 사용되는 환경을 바꾸는 간단한 방법으로 성과를 달성하는 경우를 종종 보게 됩니다. 사례를 통해 보겠습니다.

소금을 덜 먹어 건강을 지키는 놀라운 숟가락 #lesssalt

태국에서 있었던 재미있는 캠페인입니다. 소금은 인간의 생존에 필수적인 음식이지만, 많은 양을 섭취할 경우 고혈압과 같은 질환을 유발할 수 있다고 하죠. 태국 사람들은 글로벌 기준에 비해 2배 이상의 소금을 섭취한다고 합니다. 많은 소비 섭취량으로 인해 2천2백만 명의 사람들이 심각한 질병에 직면했고, 수십억 달러에 해당하는 사회적 비용을 치르게 된다고 합니다. 즉, 소금 소비가 늘어 건강을 해치게 되는 것은 개인의 문제뿐만 아니라, 국가적으로는 건강보건 재정에 무리가 올 수도 있습니다. 따라서 건강과 관련한 태국 정부 기관은 소금의 양을 적게 쓰게 하기 위한 캠페인을 기획합니다. 소금을 적게 써야하는 당위

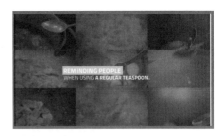

자료: 캠페인 영상 캡쳐

성, 필요성을 알리는 데 그치지 않고, 음식에 만드는데 쓰이는 숟가락을 바꾸었습니다. 아무리 소금을 적게 쓰라고 하지만 숟가락 가득히 담기는 소금을 원천적으로 막는 방법입니다. 요리 공간, 식사 공간을 차지하던 소금을 수북히 쌓을 수 있는 티스푼 대신, 소금을 조금 담을 수 밖에 없는 숟가락으로 대체한 것입니다. 간단한 도구의 변화로 오랜 습관에서 비롯된 행동을 변화시킬 수 있습니다.

- 기관명 : 태국 건강증진 재단 Thai Health Promotion Foundation (태국)
- 기획사 : CJ WORX
- 캠페인 시작 : 2019년 5월

행동 변화 솔루션의 다양한 방법을 이해하셨나요? 이 단계를 통해 구체적인 행동 변화의 솔루션을 제시하게 됩니다.

#Immunity Charm 사례의 행동변화 솔루션 예시

목표 집단	기대하는 행동 변화 목표	행동변화를 막는 장애 요인 파악	행동 변화 솔루션 설계
예방 접종의 필요성에 대해 인식이 낮은 엄마	월령에 맞게 예방접종을 실시하고, 기록을 보관하게 하여 의료진에게 공유	홍보자료를 읽지 못하는 문맹, 접종의 중요성 인식 부족, 접종 일지 등 기록 보관 부족	생활속에서 쉽게 자연스럽게 실천이 되도록 하고, 1차 타겟 집단에의 영향이 큰 지역 사회를 활용

효과적인 커뮤니케이션 설계

목표 집단을 정의하고 변화해야 하는 행동 목표가 수립되었습니다. 무엇이 그들의 행동 변화를 방해하고 있는지도 알고, 행동을 변화시킬 솔루션을 찾아낸 이후 단계는 무엇일까요? 바로 커뮤니케이션입니다. 기획 과정의 각 단계도 중요하지만 결국 행동변화 캠페인의 성공 여부는 얼마나 효과적으로 기획자의 의도와 행동 변화의 요구사항을 전달하느냐에 달려 있습니다. 커뮤니케이션은 타겟 집단의 주의를 환기시키고, 행동을 변화하도록 전달하기 때문에 캠페인의 본질이기도 합니다. 혹시 여기서 TV, 신문의 레거시 미디어나 SNS 등의 디지털 미디어 만을 바로 떠올린다면 커뮤니케이션의 의미와 역할을 좁혀서 생각하는 것입니다. 공공분야의 디지털 캠페인 기획자들이 어쩌면 가장 쉽게 생각하는 단계일 수 있습니다. 행동 변화를 설계하는 4단계까지 많은 시간을 고민하여 새로운 아이디어를 제시하는 것에 어려움을 느낀다면 커뮤니케이션은 단순하게 가용한 미디어를 리스트업 하는 것으로 생각하는 경우가 많기 때문입니다. 현장에서 겪은 놀라운 점은 캠페인마다 분명히 목표 집단이 다름에도 불구하고, 미디어 계획이 거의 동일하다는 것이었습니다. 이 모든 출발은 목표 집단의 의미를 제대로 이해하지 못하기 때문인데요. 목표 집단에 따라 미디어 이용 패턴(media habit)이 다르고, 소구(appeal)하는 표현 전략도 달라지는 것에 공공의 소통 영역은 익숙하지 못하다는 생각입니다.

여러분의 이해를 돕기 위해 공공 캠페인이 효과적인 커뮤니케이션을 만들어 내지 못하는 몇 가지 이유를 살펴볼까 합니다. 가장 대표적인 실수가 캠페인 타겟집단과 커뮤니케이션 타겟집단 선정의 오류입니다. 1단계인 캠페인 목표 집단이 확정되면, 커뮤니케이션 전략도 이 집단을 대상으로 기획하는 것이 바람직할텐데요. 가장 흔한 오류는 일반적 홍보 계획을 수립하여 행동 변화가 필요한 목표 집단에 메시지가 전달되지 않는 것입니다. 이 외에도 청중을 잘 이해하지 못하는 경우도 허다합니다. 커뮤니케이션 관점에서 목표 집단에 대한 연구 분석을 통해 정의된 목표 청중에게 도달할 가능성이 가장 유력한 미디어가 선정되고, 메시지가 기획되어야 하는 과정이 엉성하게 설계되기도 합니다. 미디어의 이해 부족도 종종 등장합니다. 전통 미디어인 TV, 신문, 라디오, 잡지 등과, 유튜브, 페이스북 등 새롭게 생겨난 미디어들이 어떤 특징이 있는지, 미디어마다 장단점은 무엇인지, 미디어에 적합한 메시지 구조는 어떠한지에 대한 고려 없이 미디어와 메시지가 어색하게 구성되는 것을 자주 목격하게 됩니다. 메시지 관점에서 보면, 목표 집단에의 공감을 높이기 보다는 설명적, 권위적인 경우가 많습니다. 행동 변화라는 힘든 과제를 요구하는 만큼, 기획자가 의도한 행동 변화의 효용성을 느낄 수 있도록 설계되어야 함에도, 무엇을 해야 할지 지시하듯 요구함으로써 공감을 얻지 못하는 것입니다. 비슷한 맥락에서 행동 변화의 효용성을 긍정적으로 전달하지 않고 부정적인 메시지로 구성되어 반발을 일으키는 경우도 많습니다(물론 부정적 소구의 솔루션을 의도화하는 캠페인도 있긴 합니다). 효과적인 커뮤니케이션은 '미디어에 콘텐츠를 업로드'하는 것이 아니라 기획한 바를 전달하기 위한 '목표 지향적'이며 대상 집단의 태도, 습관, 특이점에 대한 명확한 근거를 가지고 접근하는 전략입니다. 커뮤니케이션 방법 설계 단계는 '무엇을 말할 것인가(what to say), 어떻게 말할 것인가(how to say), 그리고 메시지는 어떻게 구성할 것인가'에 대한 물음들을 설명하는 계획이 수립되는 과정입니다.

효과적인 커뮤니케이션 설계 단계를 설명하겠습니다. 첫 번째는 커뮤니케이션 목표 설정입니다. 행동 변화 목표도 세웠는데 또 목표냐 하시는 분이 있을 수도 있습니다. 하지만 기획자가 원하는 행동 변화를 의미하는 캠페인 목표와 커뮤니케이션 목표는 다릅니다. 커뮤니케이션 목표는 목표 대상 집단, 혹은 영향력을 행사할 수 있는 집단을 정의하고 그들을 대상으로 어떻게 행동변화를 알리거나 참여할 수 있도록 하는 것을 효과적으로 전달할 수 있는 것을 의미합니다. 두 번째는 커뮤니케이션 메시지 개발입니다. 일반적으로 우리는 하루에도 수십개의 콘텐츠에 노출됩니다. 메시지를 전달하여 설득은 커녕 보여지기 조차 어려운 것이 현실입니다. 그래서 청중의 눈에 띄게 하는 것이 우선은 중요합니다. 기존의 메시지와 차별되는 창의적 설계가 필요합니다. 목표 집단에 맞게 맞춤화된 메시지를 개발해야합니다. 남성과 여성, 20대와 50대, 운전자와 비운전자 등 집단에 따라 효과적인 메시지는 다를 수 밖에 없습니다. 효과적인 캠페인은 명확한 메시지의 토대에서 가능합니다. 명확한 메시지란 무엇일까요? 문제를 정확히 적시하고 행동 변화 솔루션을 제공하며, 목표 청중이 취해야 할 행동을 구체화하는 것을 말합니다. 효과적인 메시지는 목표 청중의 주의를 사로잡고, 이해하기 쉽고, 기억하기 쉬우며, 더 이상의 설명이 필요하지 않는 것입니다.

캠페인 메시지를 작성할 때, 포함되어야 할 주요 포인트를 알려드리겠습니다. 우선 캠페인이 변화시키고자 하는 것을 설명하는 진술입니다. 일반적으로 부정적이기 보다는 긍정적인 것을 권합니다. 그리고 캠페인을 통해 성취하려는 것은 무엇이며 목표 청중에 어떤 행동 변화를 요구하는 지를 알려주고, 변화가 일어나지 않는 상황도 설명해주면 좋습니다.

효과적인 메시지란 어떤 것일까요? 많은 학자, 실무 전문가들이 효과적인 메시지에 대해 정의를 내렸는데요. 칩과 댄(Chip & Dan Heath)은 민간 기업과 공공 영역의 광고, 홍보 메시지 분석을 통해 가장 효과적인 메시지의 특징을 정리했는데요. 그 특징은 다음과 같습니다. 우선 간결함(simple) 입니다. 나무의 가지를 다듬는 것처럼, 메시지에서 불필요한 요소를 버리고 최대한 간결하게 만들라는 것입니다. 간결하다는 것은 메시지의 길이가 짧아야 한다는 것을 의미하지 않습니다. 기획자가 목표 청중에게 남기고 싶은 가장 중요한 한가지 단어로 이해하면 좋습니다. 간결한 메시지는 무엇이 중요한지 상기시키고, 목표 청중이 선택하여 결정할 수 있게 합니다. 글로벌 기업 테슬라 하면 '혁신'을 연상합니다. 코카콜라는 '행복'을 떠올리죠. 막대한 광고, 홍보 예산을 집행하여 얻으려는 것은 간결함 입니다. 다음 특징은 예상하지 못한 놀라움(unexpected) 입니다. 효과적인 의사소통의 첫 번째 요건은 주의를 끄는 것이고, 두 번째 요건은 그것을 유지하는 것입니다. 우리의 일상을 생각해 보시죠. 평범하고 익숙한 것이 아닐 때 우리는 주목하게 됩니다. 목표 청중의 관심 역시 놀랄만한 요소가 필요합니다. 놀라움은 목표 청중의 초기 관심을 얻는데 효과적입니다. 초기에 끌어낸 관심은 목표 집단이 참여하고 결과를 발견하고 싶은 욕구를 제공하여 기획자의 아이디어가 소멸되는 것을 방지합니다. 다음은 구체적으로 명확하게(concrete) 입니다. 기획자의 메시지에 대해 목표 청중이 같은 의미로 이해할 수 있도록 구체성있게 설계하라는 의미입니다. '어른을 공경합시다'의 일반적 메시지는 어떤 행동 변화도 유도할 수 없습니다. '거동이 불편한 노인에게 자리를 양보합시다'와 같은 구체적 메시지는 기억하기도 쉽고 어떤 행동을 해야할 지 명확한 기준을 제시합니다. 다음은 신뢰(credible) 입니다. 사람들은 믿을만한 메시지에 반응합니다. '이것을 먹으면 몸에 좋아요'라는 메시지에 비해 '90% 이상의 사람들이 선택한'이라는 메시지는 실제 그 효능과 관계없이 '먹는 행동'을 유도할 가능성이 큽니다. 행동변화 캠페인은 특히 행동을 변화시키기 위해서는 메시지에 대한 신뢰가 커야 합니다. 다음은 공감(emotions)입니다. 목표 청중이 메시지에 관심을 기울일 만한 이유를 제공하는 것입니다. 목표 청중의 희망, 욕망 등에 호소할 때 메시지의 전달력은 더 커지게 됩니다. '금연은 당신의 수명을 연장합니다'보다 더 호감있는 메시지는 '금연은 당신의 사랑스러운 아이와 더 오랜 시간을 보낼 수 있게 합니다'인 것이죠. 마지막은 스토리(story)입니다. 좋은 이야기의 힘은 사람들에게 영감을 주고, 행동하도록 독려합니다. 잘 구조화된 스토리는 목표 청중의 지각, 공감, 사고를 모두 현저하게 증가시키는 효과가 있습니다.

메시지 개발의 다음 단계는 커뮤니케이션 채널을 선정하는 것입니다. 커뮤니케이션 채널은 캠페인의 목표 청중에게 도달하기 위한 최적의 도구를 의미합니다. 효과적인 캠페인의 전달을 위해 커뮤니케이션 채널은 목표 청중의 주목을 빈번하고 정확하게 받을 수 있는 것으로 선택되어야 합니다. 자원을 가장 효율적으로 이용하기 위해서는, 채널의 선택이 목표 청중에게 도달할 가능성이 가장 높은 채널에 대한 철저한 분석에 기초해야 합니다. 이 분석은 다음의 질문들에 대한 답을 찾는 것입니다. 목표 집단이 어디에서 대부분의 시간을 보내는지, 그들의 주목을 받기 위해 어디가 가장 효과적인 곳인지, 가용한 예산 범위 내에서 집행 가능한 것은 어떤 것들이 있는지 등입니다.

전략적으로 기획하고 균형 잡힌 커뮤니케이션 채널을 결합하면 목표 청중의 주의를 끌 수 있는 기회가 증가하고 원하는 행동 변화가 가능하도록 설득하기가 용이합니다. 과거에는 이 과정을 미디어믹스(Media mix)라는 용어로 설명하곤 했습니다. 미디어 믹스라는 개념이 이용된 이유는 과거에는 특정 집단에 메시지를 전하는 레퍼토리가 TV, 라디오, 신문, 잡지 등의 미디어에 한정되었기 때문입니다. 인터넷 기술이 등장하고 웹 서비스 기반의 카페, 블로그 등 개인 사용자 중심의 공간, 소셜네트워크 서비스를 제공하는 페이스북, 유튜브 등이 모바일 환경과 만나는 복합적 상황이 도래하게 됩니다. 과거 미디어만을 통해 전달되는 커뮤니케이션이 사용자 중심의 공간에서 더 효과적, 효율적으로 전달이 가능하게 됨에 따라 미디어믹스라는 과거 개념보다 커뮤니케이션 채널이라는 확대된 개념이 더 많이 이용되고 있습니다. 커뮤니케이션 채널 선정 단계는 미디어(TV, 신문, 인터넷 등), 커뮤니티 채널(SNS 등)외에도 기술, 도구 등 목표 청중의 행동 변화의 과정에 영향을 미치는 커뮤니케이션 수단 모두를 포함합니다. 제가 사례로 설명드린 <임산부 좌석양보 캠페인 핑크라이트>의 경우는 목표 청중인 임신부와 '양보의 행동 변화' 대상인 지하철 이용객에게는 '블루투스 기반의 수신기, 발신기'인 기술적 도구가 커뮤니케이션 채널인 셈입니다. 물론 이 캠페인을 알리기 위해 마이크로페이지, SNS 등의 미디어도 채널로 이용되긴 했습니다. 커뮤니케이션 채널 선정은 어떤 것이 가장 효과적으로 목표 집단에 도달할 수 있느냐를 선택하는 과정입니다. 많은 행동변화 연구에 의하면 메시지를 반복적으로 전달할 수 있는 채널, 목표 청중 개인의 접촉을 최대한 가능하도록 만드는 채널이 가장 효과적이라고 합니다.

커뮤니케이션 단계에 대해 두 가지 정도 당부하고 싶습니다. 우선 공공 소통에서 거의 찾아보기 어려운 일인데요. 캠페인을 알리기 위한 미디어 구매 예산만 배정할 것이 아니라, 목표로 설정한 청중 집단의 커뮤니케이션 채널 이용 분석에 필요한 자원을 마련하기를 바랍니다. 미디어 이용과 관련해서는 다양한 연구 기관이나, 전문 기업들의 리서치 정보를 구할 수 있습니다. 제가 미디어믹스가 아닌 커뮤니케이션 채널이라고 설명한 것처럼 미디어 선택의 문제보다 더 복잡한 것이 목표 집단에 효과적으로 도달할 수 있는 미디어를 포함한 기술, 도구적 접근입니다. 반드시 목표 집단에 대한 커뮤니케이션 전략 수립을 위한 분석을 제언합니다. 두번 째는 커뮤니케이션 메시지의 사전 테스트를 실시하는 것입니다. 기획자가 공을 들여 설계한 메시지를 의도한 대로 목표 청중이 이해하고 있는 지를 캠페인 전에 파악하는 것입니다. 많은 장점이 있는데요, 무엇보다 비용을 절감할 수 있습니다. 캠페인 기획에 참여하지 않은 목표 집단의 일부를 선별하여 아이디어를 나누고 그들이 캠페인에 대해 어떻게 생각하고 받아들이는지, 메시지를 올바르게 이해하고 있는지, 아니라면 어떤 수정을 원하는 지를 살펴보는 것을 제언합니다.

#Immunity Charm 사례의 커뮤니케이션 계획 예시

목표 집단	기대하는 행동 변화 목표	행동변화를 막는 장애 요인 파악	행동 변화 솔루션 설계	커뮤니케이션 채널
예방 접종의 필요성에 대해 인식이 낮은 엄마	월령에 맞게 예방접종을 실시하고, 기록을 보관하게 하여 의료진에게 공유	홍보자료를 읽지 못하는 문맹, 접종의 중요성 인식 부족, 접종 일지 등 기록 보관 부족	생활속에서 쉽게 자연스럽게 실천이 되도록 하고, 1차 타겟 집단에의 영향이 큰 지역 사회를 활용	백신 접종과, 면역 비즈를 배포하는 지역 사회의 인쇄 광고, 의료 기관 내 포스터 등 대면 미디어, 예방 접종의 상황을 알 수 있는 면역 비즈 그 자체

6

행동 변화 모니터링과 측정

　　5단계의 과정을 거쳐 '행동 변화 캠페인'을 기획할 수 있게 되었습니다. 기획의 과정에서 목표 집단을 관찰, 분석하였고, 그들의 행동 변화를 이끌어 낼 영향 요인 분석도 실시했습니다. 어떻게 하면 행동 변화를 효과적으로 커뮤니케이션 하는 것도 설계하였습니다. 기획자의 희망대로, 의도대로 실천이 되면 너무 좋겠지요. 실제로 실천되고 있는 지를 알기 위해서 모니터링이, 캠페인 전체에 대한 평가를 위해 측정의 단계가 필요합니다. 모니터링과 측정은 캠페인이 효과적으로 실행되도록 하기 위한 공통적 목표를 가지고 있는 중요 요소입니다. 두 요소의 개념이 다소 혼동될수 있어 구분하여 설명하겠습니다.

　　모니터링은 목표가 충족될 수 있도록 캠페인 진행 과정에서 나타나는 상황, 새로운 기회, 위협 요인 등을 체계적으로 추적하는 것을 의미합니다. 그 추적을 위해 캠페인이 진행됨에 따라 정보를 체계적으로 수집하고 분석합니다. 그 기준은 무엇일까요? 기획 단계에서 설정된 목표는 물론, 행동 변화의 발생 시기, 장소, 장애 요인 영향력의 실체, 행동 변화에 영향을 미칠 것으로 예측한 이해 관계 집단의 영향력 등 전 과정을 살펴보게 됩니다. 즉 기획을 위해 사용된 모든 단계별 프로세스 실행에 초점을 맞추는 것이죠. 성패를 좌우할 수 있는 위험, 기회 요인을 재빨리 살펴봐야 합니다. 측정은 모니터링 데이터와 추가적인 분석 결과를 종합하여 캠페인의 효과와 캠페인의 다양한 요소를 평가하는 것입니다. 모니터링이 캠페인이 진행될 때 수행되는 프로세스인 반면, 측정은 대체로 캠페인 종료후에 수행됩니다. 캠페인 측정은 전략과 비교하여, 기대했던 성과와 달성된 성과 비교에 초점을 맞추게 됩니다. 캠페인의 시행 여부가 측정된 행동변화 결과와 무조건적인 인과성을 갖는 것은 아닐 수 있습니다. 모든 외부 요인을 통제한 실험 상황에서 캠페인이 시행되는 것은 아니기 때문입니다. 그럼에도 불구하고, 캠페인이 시작되기 전과 후의 행동변화 비교가 가능한 측정 방법을 반드시 설계해야 합니다.

모니터링 및 측정 계획 수립

모니터링과 측정 계획 수립을 위해서는 다음의 의사 결정이 필요합니다. 즉, 1) 캠페인의 모니터링과 측정 시기, 2) 필요한 데이터 정의와 수집 방법, 3) 결과 측정 지표 입니다. 우선 캠페인 모니터링과 측정 시기 입니다. 캠페인에 따라 모니터링과 측정 시기는 모두 다를 수 있습니다. 가장 대표적으로 캠페인 행동변화의 달성 여부가 장기적인지, 단기적으로 가능한지로 구분됩니다. 파트2에서 소개해드렸던 사례를 살펴 보면, <Immunity Charm>은 목표 집단인 엄마들이 아이들의 예방 접종을 모두 마치는 것을 목표로 하고 있죠. 각 단계의 예방 접종을 실제로 받고 있는지를 점검하는 과정이 장기로 이루어질 것입니다. 뭄바이 도로의 <The Forging Signal> 캠페인도 매일 수십번의 실험이 반복되며 결국 소음 측정기가 사라진 이후의 행동 변화를 목표로 한다면 이 역시 장기적 모니터링과 측정이 필요할 수 있습니다. 그래서 기획자는 캠페인 기획 단계에서 어떤 주기로 모니터링을, 캠페인의 종료 시점을 설정하여 측정 계획도 수립해야 합니다. 모니터링과 측정 주기에 대해 조언해 드린다면, 캠페인 시작 전에 '행동 변화 이전인 현재 상황을 설명하는 지표'를 측정해 두어야 합니다. 캠페인 종료 후에는, 미리 측정해 둔 데이터와 비교하여 행동 변화의 실천 여부의 증가, 이해 집단별 참여 차이 등 분석을 수행합니다.

두번 째 필요한 데이터와 수집 방법을 추진하는 과정에는 체크리스트를 만드는 것이 좋습니다. 어떤 데이터를 필요로 할까요? 캠페인에 따라 너무 다릅니다. 일반적으로 행동변화의 실천 여부를 제일 먼저 떠올릴 수 있습니다. 목표 집단의 행동변화 실천 여부를 퍼센트로 구분하여 시계열적으로 수집할 수 있습니다. 행동 변화의 실천을 왜 하고 있지 않는지, 혹은 왜 하고 있는지를 파악할 필요도 있습니다. 이 경우 관찰, 인터뷰의 방법이 가장 효과적일 것입니다. 캠페인 중이라면 이 데이터를 통해 캠페인을 보완해 나갈 수 있고, 캠페인 종료후면 다음 캠페인 기획의 데이터로 이용될 수 있습니다. 이 외에도 캠페인에 영향을 준 이해 집단의 확인, 캠페인의 인지 경로 여부(커뮤니케이션 평가) 도 필요할 수 있습니다.

마지막으로 결과 측정 지표입니다. 행동 변화 캠페인인 만큼 실제 참여를 비교하는 것이 가장 일반적입니다. 하지만 태도와 지식의 변화와 같은 지표로 설명하기도 합니다. 가장 보편적으로 많이 이용되는 지표들은 다음과 같습니다. 캠페인 초기 단계에 실시한 지식(knowledge), 인지(awareness)의 정도를 캠페인 이후에 비교하여 성과를 측정합니다. 둘째, 중요성(saliency)에 대한 차이 인식입니다. 캠페인 전에 생각했던 특정 문제의 중요성에 대한 인식 차이 변화를 비교하는 방식입니다. 태도(attitude)의 경우도 유용한 지표입니다. 캠페인에서 의도한 행동 변화에 영향을 미칠 수 있는 태도를 측정하는 것입니다. 행동의도(Behavioral intentions)도 있습니다. 이 지표는 특정한 사람이 행동에 관여할 가능성을 측정하는 것입니다. 실제 행동과 인과성이 100% 성립하는 것은 아니지만 중요한 변수이기에 이 또한 중요한 지표로 활용할 수 있습니다. 마지막으로 진짜 행동 변화(behavior change)입니다. 캠페인이 특정한 행동을 하도록 구체적으로 요구한 경우에는 실제 행동 변화가 일어났는지를 평가할 수 있습니다.

#Immunity Charm 사례의 행동변화 측정 예시

목표 집단	기대하는 행동 변화 목표	행동변화를 막는 장애 요인 파악	행동 변화 솔루션 설계	커뮤니케이션 채널	행동 변화 측정
예방 접종의 필요성에 대해 인식이 낮은 엄마	월령에 맞게 예방접종을 실시하고, 기록을 보관하게 하여 의료진에게 공유	홍보자료를 읽지 못하는 문맹, 접종의 중요성 인식 부족, 접종 일지 등 기록 보관 부족	생활속에서 쉽게 자연스럽게 실천이 되도록 하고, 1차 타겟 집단에의 영향이 큰 지역 사회를 활용	백신 접종과, 면역 비즈를 배포하는 것을 알리는 지역 사회의 인쇄 광고, 의료 기관 내 포스터 등 대면 미디어, 예방 접종의 상황을 알 수 있는 면역 비즈 그 자체	예방접종을 모두 마친 아이의 비율(장기적), 특정 시점까지의 예방 접종율 비교 (중단기적)

인식 개선을 넘어
행동을 바꾸는
디지털 공공소통

2020년 11월 30일 | 1판 1쇄 인쇄
2020년 12월 7일 | 1판 1쇄 발행

지은이 | 김정렴
발행인 | 김은중
발행처 | 서울경제경영출판사
북디자인 | (주)우일미디어디지텍

주 소 | 03767 서울특별시 서대문구 신촌로 205, 506호
전 화 | 02)313-2682
팩 스 | 02)313-8860
등 록 | 1998년 1월 22일 제5-63호

ISBN 979-11-6282-082-7 93320   정가 15,000원